The Big Idea

자본주의 이대로
괜찮은가?

신지식교양인을 위한 자본주의 입문서

The Big Idea   Jacob Field

자본주의 이대로
괜찮은가?

신지식교양인을 위한 자본주의 입문서

도판 150점 이상

자유의길
The Seeds to Freedom

제이콥 필드 지음 | 유지연 옮김

차례

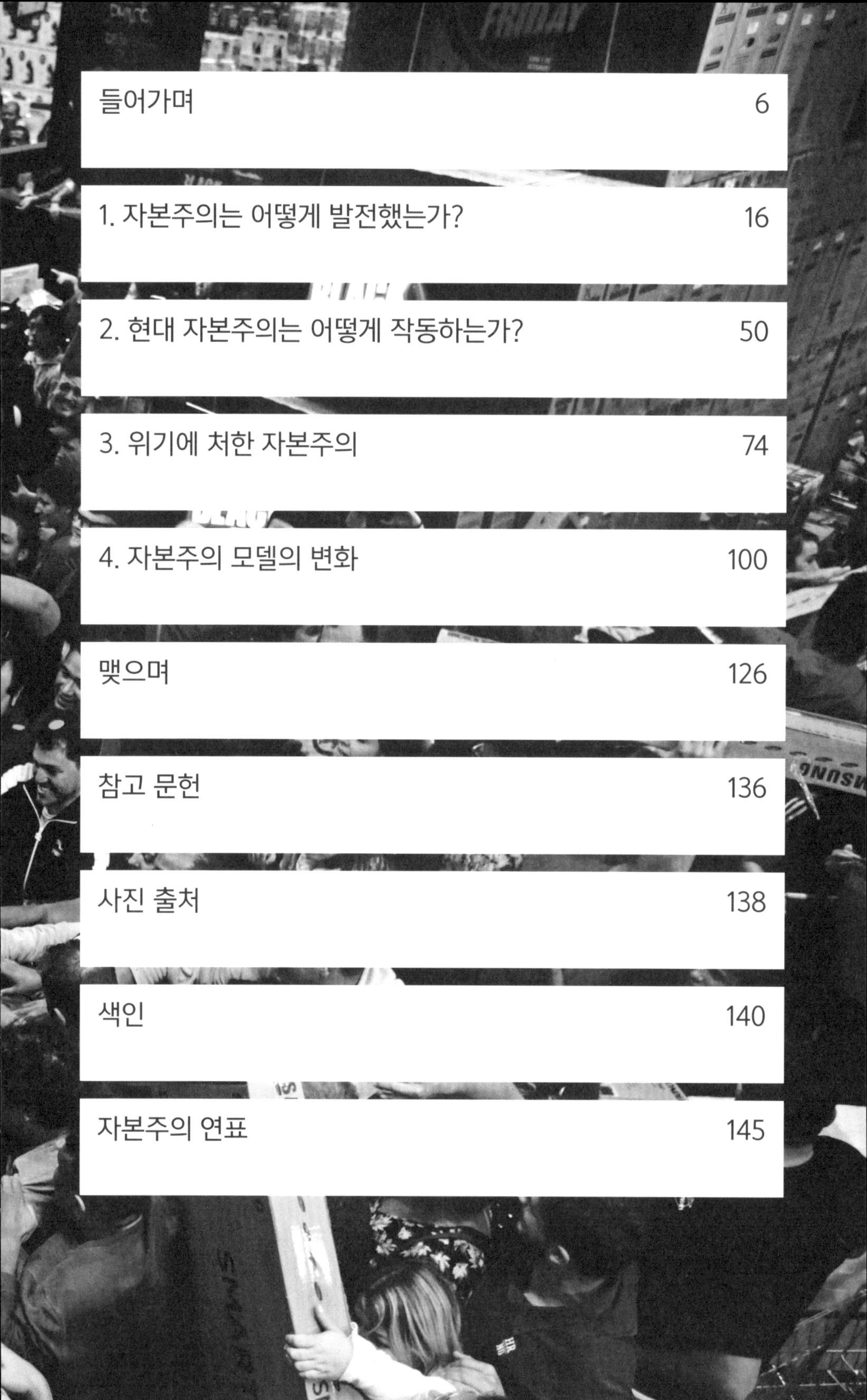

들어가며   6

1. 자본주의는 어떻게 발전했는가?   16

2. 현대 자본주의는 어떻게 작동하는가?   50

3. 위기에 처한 자본주의   74

4. 자본주의 모델의 변화   100

맺으며   126

참고 문헌   136

사진 출처   138

색인   140

자본주의 연표   145

들어가며

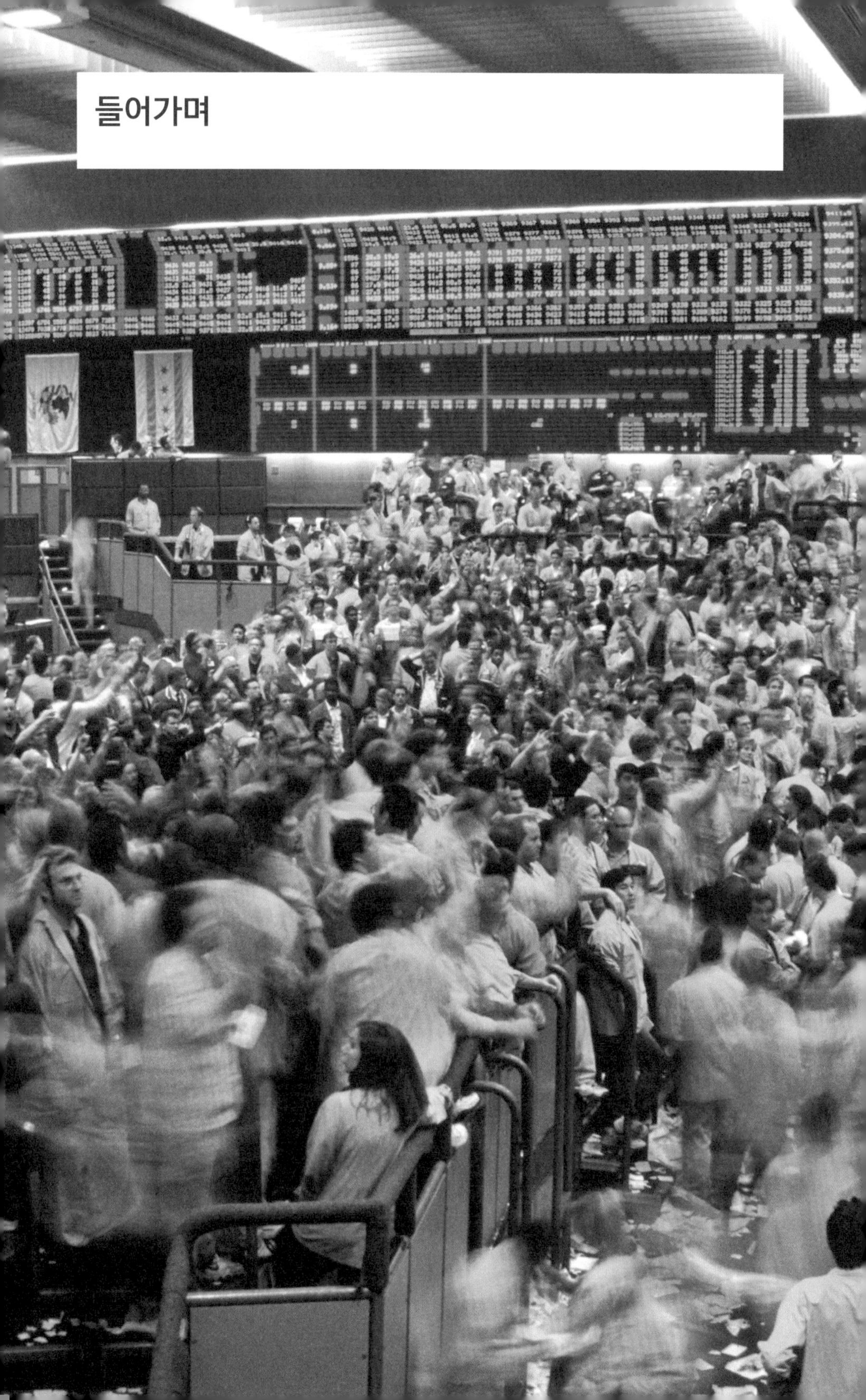

자본주의는 이윤을 최종 목표로 삼는 경제체제다. 이를 위한
상품과 서비스의 생산 목적은 돈을 벌기 위해서다. 자본주의의
정의는 이처럼 단순하지만, 그 이면에는 훨씬 복잡한 문제가
숨어있다. 이를 살펴보기 위해서는 '자본주의가 제대로
작동하는가?'라는 질문의 답을 찾아야 한다.

이 문제에 답하기 전에 먼저, 몇 가지 질문들에 대해 고민해보아야 한다.
자본주의는 인류에 무엇을 가져왔는가? 자본주의 체제에서 이득을 얻는
사람은 누구이며, 이윤이 공정하게 분배되지 않을 경우 어떤 영향을
미치는가? 자본주의는 사회 그리고 전 지구적인 불평등을 해소하는 데
조금이라도 도움이 되었나? 아니면 그저 불평등을 확대하는 데
일조했는가? 자본주의를 대신할 방안이 있나? 그렇다면 그 방법은
얼마나 효과가 있는가? 자본주의는 환경에 어떤 영향을 주었는가?
지속가능한 미래를 만들기 위해 자본주의 체제를 수정할 수 있는가?

이런 쟁점들에 하나씩 접근하는 일은 의미가 있다. 200년 전 산업혁명Industrial Revolution과 지구화Globalization 물결 속에서 자라난 자본주의는 우리 사회의 한 축을 형성하며 전 세계에 확산되어 지배 경제체제로 자리매김했기 때문이다. 현재 우리는 자본주의가 지배하는 세상에 살고 있다. 이 피할 수 없는 힘은 지구상 모든 사람들에게 영향을 미치며, 우리의 일상 구석구석에 침투해있다. 1장에서는 18세기 후반 영국에서부터 2008년 세계 금융위기에 이르기까지 근대 자본주의의 발전사를 짚어본다. 이를 통해 자본주의가 오늘날 가지는 영향력과 이 과정에서 경제에 대한 사람들의 생각이 어떻게 바뀌었는지도 함께 살펴볼 것이다.

자본주의의 성공과 실패에는 각각의 입장이 존재한다.

어느 한쪽에 치우친 편협한 시각으로는 이 경제체제의 작동방식을 깊이 이해하기 힘들다. 2장과 3장에서는 성공과 실패, 양쪽의 주장을 차례로 살펴본다. 먼저 2장에서는 자본주의가 이룩한 눈부신 성과들을 다룬다. 자본주의는 경제발전과 생활수준 향상을 이끌었고, 역사상 중요한 혁신의 틀을 제공했다. 3장에서는 자본주의가 초래한 가장 큰 문제들을 살펴본다. 자본주의는 소수 권력집단의 주머니를 채우며 전례 없는 불평등을 가져오고, 회복할 수 없을지도 모를 심각한 환경 문제를 야기했다. 물론, 한편으로는 자본주의의 문제를 해결하기 위해 여러 가지 수정 방안과 대안들이 논의되고 있다. 4장에서는 가장 심각한 문제점들을 개선할 수 있는 몇 가지 해결책을 제시한다.

A 조지 오웰(1903~1950)은 《동물농장》(1945)에서 1917년 러시아 혁명과 스탈린 독재 하의 소비에트 체제를 비판·풍자했다. 혁명을 일으켜 농장을 지배하게 된 돼지들은 평등을 약속하지만 인간이 농장을 소유했을 때보다 훨씬 더 억압적인 독재를 휘두른다.

산업혁명 18세기 중반 영국에서 시작된 기술혁신과 이에 따른 사회·경제 구조의 변혁. 농업 중심에서 제조업 중심으로 경제구조에 일대 혁명이 일어났고, 그 결과 급격한 경제성장과 생산성 향상이 이루어졌다.

지구화 정치·경제·문화 등 사회 여러 분야에서 국가 간 교류가 늘어나 개인과 사회집단이 갈수록 하나의 세계에서 살아가게 된다는 의미의 세계통합 과정을 일컫는 용어.

본격 논의에 앞서 자본주의가 어떻게 작동하는지 기본 원칙을 살펴봐야 한다. 먼저 자본주의에는 개인, 가계, 기업, 기관 또는 정부 등의 '경제주체'들이 존재한다. 이들은 대체로 사용자owner와 노동자labourer로 나뉜다. 사용자는 토지 등 천연자원이나 유형자산인 자본재와 같은 생산수단을 소유한다. 모든 경제주체는 인센티브에 반응해 더 큰 보상을 얻을 수 있는 쪽으로 행동한다.

19세기 이전에는 사용자가 대부분 개인이었으나, 현재는 기업이 가장 강력한 사용자다. 자본주의 체제에서는 정부보다 민간이 사용자인 경우가 많다. 국가가 주도하는 공공부문은 사회적 생산기반infrastructure, 교육, 의료와 같이 사회 전체를 위한 서비스에 중점을 둔다. 반면 민간부문은 근본적으로 사용자를 위해 돈을 버는 것이 목적이다. 이윤을 추구하는 기업들은 공공부문에 비해 훨씬 다양한 상품과 서비스를 생산한다. 이는 자본주의 체제에서 기업이 더 많은 고용을 창출하고, 경제적으로도 더욱 큰 비중을 차지한다는 의미다.

경제주체들은 시장에서 거래되는 상품을 생산하고, 시장은 교환이 원활하도록 상품가치를 결정한다. 화폐가 주요 거래수단으로 이용되기 전에는 물물교환으로 거래가 이루어졌다. 화폐는 '물리적 현금physical cash'으로 시작되었으나, 오늘날에는 비트코인과 같은 '디지털 화폐digital currency'가 등장해 점차 그 영역을 넓히고 있다.

수요는 어떤 재화나 용역을 일정 가격으로 사고자 하는 경제주체의 욕망을, 공급은 판매자가 정해진 가격에 어떤 상품을 대가와 교환으로 제공하는 것을 의미한다. 이론적으로 가격은 수요량과 공급량이 같아지는 균형 상태에 도달할 때까지 변동한다.

A 비트코인은 2009년 세계적으로 통용되는 디지털 화폐로 개발되었다. 비트코인의 달러 기준 가치는 발행 이후 4천 배 이상 상승했다.
B 1635년 빌렘 블라외(1571~1638)와 요안 블라외(1596~1673)의 《세계의 무대 신(新) 지도책Theatrum Orbis Terrarum, sive, Atlas Novus》에서 표현한 말루쿠 제도Maluku Islands. 말루쿠 제도는 인도네시아에 위치한 섬으로, 포르투갈과 네덜란드를 비롯한 유럽의 수많은 무역상과 식민지 개척자들이 향신료를 구하기 위해 몰려들었다.

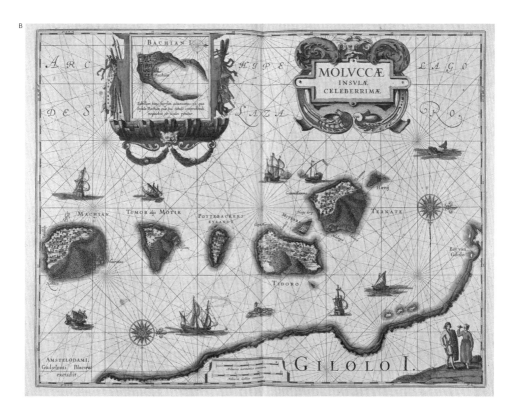

수요와 공급이 시장을 움직인다.
이 두 가지 요인은 가격을 결정하고
경제활동에 영향을 미친다.

경제학자들은 시장의 효과적 작동에 대해 수백 년간 연구해왔다. 경제학이 처음으로 등장한
18세기 후반~19세기 초반에 학자들은 정부가 시장에 개입하지 말아야 한다고 주장했다.
고객 확보를 위해 노력하는 과정에서 효율성이 극대화되어 생산성이 높아지고 가격은
낮아져, 판매자들 간의 경쟁이 경제를 발전시킨다고 생각했기 때문이다. 다시 말해, 시장에
자율성을 허용하면 사용자와 소비자 모두에게 이익이 되는 시스템이 만들어지고, 이것이 곧
경제성장으로 이어진다고 믿었던 것이다. 1장에서는 이런 가정에 대한 반론을 살펴본다.

A

자본주의의 가장 큰 특징 중 하나는 국제무역이다. 이는 한 나라가 품질이 더 좋거나, 가격이 더 저렴하거나, 자국에서 생산되지 않는 무언가를 다른 나라에서 얻고자 할 때 발생한다.

자본주의가 원활히 굴러가려면 금융이 필요하다. 금융시장은 은행과 같은 중개자를 통해 차입자(자본을 필요로 하는 사람들)와 대출자(자본을 보유한 사람들)를 연결한다. 이런 시스템은 현대 자본주의에 필수요소다. 금융시장은 성장부문에 자본을 효율적으로 투자하는 긍정적인 역할을 하지만, 대출자가 높은 수익만 추구할 경우 투기행동으로 이어질 위험도 있다. 또한 대출자들이 특정부문 혹은 국가를 신뢰하지 않아 더는 자금을 빌려주지 않으면 불확실성으로, 더욱 심각한 결과를 초래할 수 있다.

정부는 자본주의의 성패를 좌우하는 중요한 역할을 한다. 자본주의를 제대로 작동시키기 위해 정부가 수행하는 가장 중요한 기능에는 질서유지, 법률체계 등의 제도적 틀 마련, 사회적 생산기반과 같은 공공재 공급, 시장실패 보완 등이 있다. 더불어, 필요한 재원을 충당하기 위해 정부는 공채와 세금을 활용한다.

B

지금까지 자본주의의 기본 구조를 간단히 살펴보았다. 그렇지만 자본주의가 '제대로' 작동하는지, 어떻게 알 수 있을까?

산업구조는 1차 산업(천연자원을 이용하는 농업), 2차 산업(제조업), 3차 산업(서비스업)으로 나뉘는데, 이는 경제발전을 가늠하는 한 가지 기준이다. 저개발국가의 경우 인구 대다수가 1차 산업에 종사하며, 산업혁명 이전 대부분의 국가들도 마찬가지였다.

20세기 초반까지, 세계경제는 제조업 중심으로 변화했다. 1950년 이후에는 운송, 금융과 같은 서비스업에 경제활동이 더욱 집중되었다. 소득이 증가하면서 사람들은 서비스에 대한 지출을 늘리고, 제품과 음식에 대한 지출을 줄이는 경향성이 강해졌다. 대체로 부유한 국가일수록 3차 산업에 종사하는 인구 비율이 더 높게 나타난다.

자본주의의 목표가 이윤이라면, 자본주의의 성공을 판단하는 가장 간단한 방법은 각 국가 혹은 세계 경제의 부가 증가했는지 확인하는 것이다.

경제학자들은 대개 경제발전의 척도로 국내총생산GDP을 살펴본다. 이는 일정기간(보통 1년 또는 분기) 한 나라에서 생산된 모든 재화와 서비스의 가치를 합산한 것이다. 국내총생산을 인구수로 나눈 1인당 국내총생산은 한 나라의 생산성 지표다. 세계 각국의 국내총생산을 더한 세계총생산은 2016년 75조 6천 억 달러였다.

지니계수 한 집단에서 소득이 어떻게 분배되어 있는지 측정하는 지표. '0'은 모든 사람의 소득이 동일한 완전평등을 나타내며, '1'은 한 사람에게 모든 소득이 집중된 완전불평등을 의미한다. 이탈리아의 통계학자 코라도 지니(1884~1965)가 제시했다.

A 1980년대 초반 카타르 도하의 웨스트 베이 지역은 쉐라톤 호텔이 유일한 고층건물이었을 뿐, 주변은 개발되지 않은 허허벌판이었다.
B 현재 도하에는 고층건물이 즐비하다.
C 중앙아프리카공화국 감Gam 마을의 주요 산업은 금 채굴이다. 현장에서는 아동의 노동착취가 여전하다.
D 반면, 노르웨이에서는 대부분의 사람들이 높은 생활수준을 유지하며 장수한다.

C

D

세계은행에 따르면 1960년 이후 세계 평균 1인당 국내총생산은 450달러에서 1만 달러 이상으로 증가했다. 1인당 국내총생산은 평균 수치로, 개인 간 편차까지 확인할 수는 없다. 지니계수Gini coefficient는 이 편차를 측정하는 지표로, 한 나라의 부가 어떻게 분배되었는지 나타낸다.

이런 화폐가치를 측정한 수치들이 가지는 의미는 자본주의의 일부분에 불과하다.

'인간개발지수HDI, Human Development Index'와 같은 지표들은 삶의 질에 대해 우리에게 더 많은 내용을 알려준다. 인간개발지수는 기대수명, 교육수준, 소득수준을 종합적으로 평가한 지수로, 2015년 유엔의 조사결과 노르웨이가 가장 높았고(0.949) 중앙아프리카공화국이 가장 낮았다(0.352). 부유한 나라일수록 국민들의 건강과 교육수준이 높고, 민주적 의사표현과 개인의 자유가 더 많이 보장되는 경향성을 보인다.

자본주의가 제대로 작동하는지 평가할 수 있는 근본적인 방법은 일부 계층에 이윤이 집중되는 것이 아니라, 최대 다수에게 더 나은 삶의 질이 제공되는지 확인하는 것이다.

이 책에서는 자본주의 체제가 인류에 어떤 혜택과 폐해를 가져왔는지 하나씩 살펴보고, 더 나은 자본주의를 만들기 위해 적용할 수 있는 여러 대안과 변화를 모색하고 있다.

1. 자본주의는 어떻게 발전했는가?

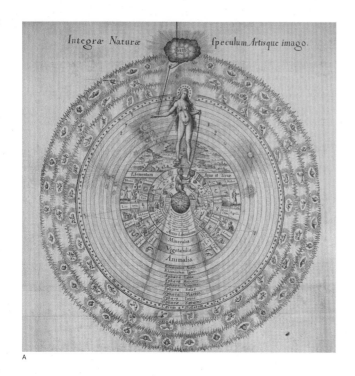

A

인류 역사의 상당 기간 동안 경제는 사실상 침체 상태였다. 국제무역은 기원전 2세기 무렵 실크로드에서 시작되었다. 아시아와 유럽을 잇는 광범위한 육상 및 해상 교통로인 실크로드는 동서 교류의 젖줄로 15세기까지 중요한 역할을 담당했다. 그러나 경제활동의 대부분은 여전히 생계유지나 봉건feudal적 의무 이행을 위한 농업이 차지하고 있었다.

현대 자본주의는 1500년 이후 네덜란드 공화국과 영국을 비롯한 서유럽에서 뿌리내리기 시작했다. 이후 자본축적과 이윤창출이 점차 중요해지면서, 경제의 중심으로 부상하기에 이르렀다. 이런 변화에 따라 국제무역이 증가하기 시작했다. 새로운 금융제도와 경제이론이 발전했고, 기술발전으로 생산성이 높아졌다. 그렇지만 이후 300년 동안 경제성장은 거북이걸음 수준에 그쳤다. 대부분의 국가에서 10년 간 경제성장률은 고작 2퍼센트 수준에 불과했다.

여러 측면에서 볼 때 한 나라의 경제발전은 인구·기술·제도 3가지 요인의 변화로 결정된다. 근대 초기 영국에서는 이 요인들에 큰 변화가 일어났고, 그 결과 18세기 중반에 시작되어 1830년대까지 이어지는 최초의 산업혁명을 발생시켰다.

이는 '유기경제'에서 '무기경제'로 전환되는 과정이었다. 유기경제는 사람과 동물의 물리적 힘과 그 힘으로 움직이는 기계에 의존했다. 이와 더불어 풍차와 물레방아처럼 바람, 물과 같은 천연 에너지원을 활용하는 장치들이 부족한 부분을 채웠다. 땅은 한정적이고, 그 땅에서 얻을 수 있는 자원 또한 제한적이기 때문에 성장에 한계가 있을 수밖에 없었다. 그러나 이론적으로, 무기경제는 유기경제보다 훨씬 빠르게 성장할 수 있다. 석탄, 석유와 같은 광물자원에서 얻는 화학 에너지에서 비롯되기 때문이다. 적절한 유지, 관리가 이루어진다면 기계는 이론상 일정량의 산출물output을 지속적으로 생산한다.

A. 1617년 영국의 의사이자 점성가인 로버트 플러드(1574~1637)가 그린 〈존재의 대사슬The Great Chain of Being〉을 보면 인간, 동물, 식물, 광물 등 우주의 모든 존재가 계층별로 분류되고 배치되어 있다는 당시의 생각을 엿볼 수 있다.

B. 14세기 영국의 시편들을 묶은 《메리 여왕 시편The Queen Mary Psalter》(1310년경)의 8월 달력 삽화. 소작농들의 옥수수 수확을 감독하는 관리인의 모습이 묘사되어 있다. 이후 500년 동안 노동자들은 농사를 통해 얻는 수익이 거의 없었고, 그마저도 변덕스러운 날씨에 크게 좌우됐다.

17세기 초반부터 18세기 후반까지 계몽주의와 과학혁명이 서구사회를 휩쓸었다. 이는 지적, 철학적 측면에서 삶에 큰 변화를 가져왔고, 합리적 세계관을 촉진했다. 과학과 사상이 체계화되면서 지식 전파가 쉬워졌고, 그 결과 새로운 아이디어의 확산과 개선이 가능해졌다.

산업혁명을 위한 가장 중요한 발전은 영국에서 처음 시작되었다. 바로 '증기엔진 발명' 과 '직물생산 기계화'였다. 두 분야는 잠재수익이 높다는 이유로 사람들의 관심을 모았는데, 17세기 영국의 임금이 다른 나라보다 높아 노동력이 비쌌기 때문이다. 영국은 노동력이 값싼 인도나 중국처럼 비용을 줄이기 위한 기계들을 개발해야만 했다.

17세기 후반~18세기 초반에 물을 퍼 올리기 위해 최초의 증기엔진이 고안되었다. 그러나 이 증기엔진은 실제로 기계를 돌릴 수 있을 만큼 정밀하지는 못했고, 연료 효율이 낮아 작동하는 데 많은 비용이 들었다. 1760~1770년대 들어서야 기계를 움직일 만큼 부드럽게 작동하는 회전식 증기엔진이 개발되었다. 이후 100년 동안 증기엔진은 꾸준히 개선되었다. 1760년에는 영국에서 고정식 동력원으로 만들어진 8만 5천 마력 가운데 증기엔진의 생산 비율이 6퍼센트에 불과했다. 그러나 1907년경에는 고정식 동력원으로 984만 2천 마력이 생산되었고, 이때 증기엔진의 생산 비율은 98퍼센트에 달했다.

A 노르웨이의 화가 크누드 라센 베르그스리엔(1827~1908)의 〈집 안, 물레 돌리는 여인Interior, Woman by a Spinning Wheel〉(1866). 기계화 이전, 울 등의 섬유로 실을 잣는 일은 여성의 주요 직업 중 하나였고, 대부분 가내수공업이었다.
B 영국의 화가 조셉 라이트 더비(1734~1797)의 〈대장간An Iron Forge〉(1772). 18세기 영국에서 새로운 철 제조법이 발명되어 낮은 비용으로 더 좋은 품질의 철을 생산할 수 있게 되었다.

C 19~20세기 초반 웨일스는 전 세계 주요 석탄 생산지 가운데 하나. 1888년 웨일스 몬머스에 있는 폰지 풀 탄광의 입구로, 권선장치와 석탄 트럭을 확인할 수 있다.
D 1936년 사우스 웨일스 밸리 폰티프리드 근처의 작은 탄광촌인 실피니드의 모습. 일부 탄광은 실업자들이 폐기장에서 공짜 석탄을 주워가도록 허락했다.

값싼 석탄은 증기엔진에 있어 매우 중요한 요소였다.
초기엔 증기력을 얻으려면 연료가 비효율적으로 많이
들었는데, 저렴한 석탄 덕분에 연료 비용을 줄일 수 있었기
때문이다. 석탄 매장량이 풍부했던 영국은 석탄을 산업에
활용한 최초의 국가였고, 1800년 당시 전 세계 석탄 생산량의
90퍼센트를 차지했다.

방직업을 시작으로 산업혁명은 제조업에 일대 혁신을
일으켰다. 영국에서는 18세기 중반부터 다양한 기계가
발명되었고, 직물생산이 완전히 기계화되어 생산성이
급격히 향상되었다. 불과 100년 만의 일이었다.

A

1750년에는 목화 100파운드를 방직하는 데 약 10만 시간이 소요된 반면, 19세기 초반에는 100시간밖에 걸리지 않았다. 직물생산 기술은 곧 금속, 도자기 등의 산업과 다른 나라에도 전파되었다(벨기에는 유럽대륙 최초로 이런 기술을 받아들였다). 직물 생산 비용을 낮추려던 노력은 결국 사회 전체를 변화시켰다. 기계 장치는 가정에서 사용하기에 너무 크고 비쌌기 때문에 공장에서 집중 생산하여 규모의 경제economy of scale를 통해 비용을 낮추는 방법이 훨씬 효율적이었다. 이에 따라 노동력이 풍부하고, 시장이 가까우며, 교통이 편리한 도시에 공장이 자리를 잡으면서 도시화가 가속화되었다.

이전에는 노동자들이 작업속도와 시간을 스스로 정했지만, 공장에서는 고용주가 노동시간과 조건을 통제했다. 분업division of labour은 생산 극대화를 위해 노동자들이 특정 분야에 더욱 전문화되어야 한다는 것을 의미했다. 같은 시기, 신기술과 효율적인 토지 이용으로 농업 생산성이 높아지면서, 제조업으로 이탈하는 노동력이 늘기 시작했다.

A   미국의 사회학자이자 사진가인 루이스 하인(1874~1940)이 찍은 한 장의
      사진 〈방적공장의 노동자들〉. 직물 공장에서 일하는 아동들의 모습을 볼 수
      있다. 하인의 사진들은 미 정부가 아동노동 규제 법안을 통과시키는 데 큰
      영향을 미쳤다.
B   스코틀랜드의 발명가이자 기계공학자인 제임스 와트(1736~1819)와 사업
      파트너인 영국의 제조업자 매슈 볼턴(1728~1809)은 1763~1775년까지
      기존 엔진보다 훨씬 더 효율적이고 부드럽게 회전하는 증기 엔진을
      개발했다.

운송수단의 발전은 기지개를 켜기 시작한 산업화에 반드시 필요한 요소였다. 원자재와 공산품의 유통시간과 비용을 모두 줄여주었기 때문이다. 영국에서는 1830년대 이후 새로운 운송방식인 증기철도가 확산되었다. 증기철도 도입으로 운송이 더욱 안정되고 소요시간이 단축되면서 운송량도 크게 증가했다. 이제 다른 나라들도 철도 건설에 팔을 걷어붙였다. 특히 미국이 가장 적극적이었다. 1830년에 75마일 (120킬로미터)이었던 철로가 1890년에는 16만 4천마일(26만 3천 933킬로미터)로 급격히 증가했다. 운송수단의 발전은 생산자에게는 원자재비용을, 소비자에게는 완제품 가격을 낮추는 일거양득의 효과를 가져왔다.

기업들은 과거 높은 운송비로 인해 가격 경쟁력이 낮았던 먼 지역의 시장에서도 제품을 판매할 수 있었다. 이는 지역 특화와 경쟁에 불을 붙였다.

규모의 경제 기업이 규모를 늘리거나 효율성을 높일 때 발생. 생산량이 증가하면서 고정비가 분산되어 단위 가격이 낮아진다. 규모의 경제는 장기적으로 성공을 거두기 위해 꼭 필요한 요소다. 새로운 혁신으로 쉽게 사라지는 기술적 우위나 신제품 등장으로 약화될 수 있는 고객 충성도보다 더 오래 지속된다.

분업 경제체제가 각기 다른 과업들로 나뉘는 것. 각 노동자가 전문성을 가진 특정 업무에만 매진한다.

산업혁명의 마지막 주요소는 제도, 다시 말해 바람직한 결과를 만들어내기 위해 사람들이 인위적으로 도입한 사회체계였다. 여기에는 정치체계, 법규, 금융기관 등 경제주체들 간의 다양한 합의가 포함된다.

영국은 소득재분배만이 아니라, 생산성 향상을 독려하는 탄력적인 제도를 발전시켰다. 이는 곧 **지대추구**rent-seeking 행위의 감소로 이어졌다. 첫 번째 제도는 국가 및 법률체계에 있었다. 17세기 후반 영국의회는 유럽의 어떤 대의기관보다 막강한 힘을 가졌다. 이는 국가가 절대군주의 변덕에 좌우되지 않음을 의미했다. 영국의 **관습법**common law은 지적 혁신으로 이익을 얻을 수 있는 권리를 비롯한 재산권에 초점이 맞춰져있었다.

A

B

C

지대추구 사회 전체의 부가 아닌 특정 경제주체의 부를 증대시키고자 하는 경제행위와 정책. 이는 자원배분의 왜곡을 불러온다. 예를 들어, 어떤 산업이나 기업이 경쟁을 제한하는 법률과 규제를 통과시키기 위해 정부에 로비를 할 경우 이는 지대추구에 해당된다. 서비스 개선, 가격인하와 같은 노력 없이 이윤과 시장점유율 유지가 목적이기 때문이다.

관습법 영국 법 체계의 기반으로, 관습에 의하여 형성된 법을 말한다. 영연방과 미국 또한 관습법에 기초하고 있다. 많은 역사학자들은 관습법이 경제성장에 유리한 조건을 형성하기에 가장 적합하다고 믿는다. 개인의 재산권을 강조하며, 비교적 독립적이고 융통성 있는 사법부의 판단을 따르기 때문이다.

D

두 번째 제도는 금융기관에 있었다. 1694년 영국 은행이 채권bond을 발행해 영국 정부 은행banker for the British government으로 설립되었다. 이듬해부터 액면 가치에 해당하는 금을 보유자에게 언제든지 지급할 것을 약속하는 증서인 은행권을 발행하기 시작했다.

A 네덜란드 동인도 회사(VOC)의 주권(share certificate, 1606). 세계에서 가장 오래된 유가증권이다.
B 1699년 영국 은행이 발행한 555파운드짜리 은행권.
C 1818년 버윅 은행이 발행한 은행권. 1844년 개혁 이전에는 영국의 개인 은행들이 저마다 이런 은행권을 발행할 수 있었다.
D 암스테르담 증권거래소는 1611년 주식과 채권을 거래하는 사람들에게 장소를 제공할 목적으로 설립되었다. 처음에는 네덜란드 동인도 회사의 주식과 채권이 거래되다가, 이후 다른 회사들의 채권도 취급했다. 이 건물은 1835년 철거될 때까지 계속 사용되었다.

채권 기업이나 정부가 돈을 빌리는 한 방식. 채권 보유자는 대출자, 채권 발행자는 차입자다. 쿠폰coupon은 차입자가 대출자에게 지불해야 하는 이자와 대출금을 상환해야 하는 날짜를 말한다.

A

'은행권'은 거래를 간소하게 만들었다. 시중에 유통되는
은행권만큼이나 은행이 충분한 금을 보유하고 있다는
믿음이 유지될 때 가능한 거래였다.

소비자의 신뢰가 깨지는 순간,
은행도 무너졌다.

주식과 주식의 거래 방법 또한 중요했다. 주식은 위험을 분산하면서 투자 기반을
확대했다. 16세기 중반 영국에서 '합자회사joint-stock company'가 설립되었는데,
투자자들은 주식(보통주라고 부르기도 한다)을 구매할 수 있었고, 구매한 주식의
비율만큼 해당 기업을 소유했다. 영국 최초의 주식거래는 런던의 여러
커피하우스에서 이루어졌다. 이후 1611년 암스테르담에 공식 증권거래소가
문을 열었다(런던 증권거래소는 1801년에 설립).

자본주의가 속도를 내면서 유럽의 '대항해 시대'가 개막했다.
유럽 열강들은 1490년대부터 400년 동안 아메리카, 아프리카,
오세아니아, 아시아에 식민지를 세웠다. 식민지 건설은 물론
경제적 이유 때문이었다. 해외 식민지는 유럽에서 얻을 수 없는
면화·설탕·차 등의 원자재 공급처였고, 완제품을 판매할 수 있는
확실한 시장이기도 했다. 유럽 제국주의의 첫 번째 물결은 신대륙
아메리카에서 일어났다. 스페인과 포르투갈의 식민 정권은
주로 귀금속 광산에서 자원을 수탈했다.

유럽인들과의 접촉은 아메리카를 비롯한 피식민지 국가들의
토착사회에 심각한 피해를 입혔다. 천연두, 독감과 같은
질병들은 자가 면역이 없던 원주민들을 순식간에 휩쓸었다.
일부 지역에서는 사망률이 90퍼센트를 넘어서기도 했다.

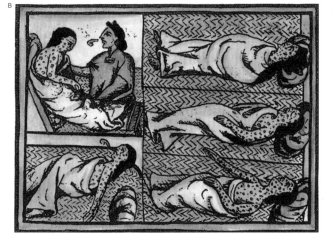

A 1506년 지오반니 마테오
   콘타리니(?~1507)와 프란체스코
   셀리(1445~1513)가 만든 최초의
   세계지도. 아메리카 대륙의 일부를
   나타낸 평면구형도이다.
B 스페인의 선교사 베르나르디노
   데 사아군(1500~1590)이 집필한
   《피렌체 코덱스Florentine
   Codex》는 메소아메리카 사회에
   대한 자신의 연구결과를 기록한
   문서다. 스페인 사람들이 옮긴
   천연두 발병에 대한 묘사와
   원주민들이 그린 삽화
   2천여 점이 실려 있다.

18세기 중반 영국, 프랑스, 스페인이 북아메리카에서 패권을 다투는 동안 스페인과 포르투갈은 라틴아메리카의 대부분을 차지했다. 1800년에는 서구 열강들이 전 세계 육지 면적의 35퍼센트를 지배했고, 1914년에는 85퍼센트까지 늘어났다. 제국주의 팽창이 아프리카와 아시아까지 이어진 결과였다.

유럽의 제국주의 확대와 더불어 대서양 노예무역도 규모가 커졌다.

1502년 아프리카 사람들은 대부분 광산과 농장에서 일하는 노예로 아메리카 대륙에 팔려가기 시작했다. 1600년 이전에는 아프리카를 떠나는 노예들이 매년 2천 명 가량이었다. 그러나 17세기에는 약 2만 명으로 늘어났고, 1780년대 들어서는 약 8만 8천 명으로 절정에 달했다. 노예를 사고파는 대서양 삼각무역의 기틀이 잡히면서 유럽 선박들은 세 대륙을 오가기 시작했다. 유럽에서 아프리카로 제품을 실어 나르고, 그 배에 다시 노예를 싣고 아메리카로 향해 그곳에서 2~3배의 이익을 남겼다.

A

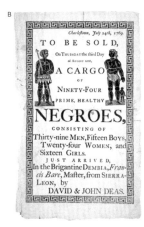

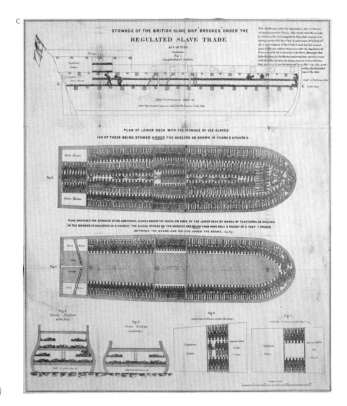

A 영국의 만화가 제임스
   길레이(1756~1815)의 유명한 정치
   풍자만화 중 하나인 〈위험에 처한
   자두 푸딩The Plumb-Pudding in
   Danger〉(1818). 프랑스 황제 나폴레옹
   보나파르트와 영국 수상 윌리엄 피트가
   탐욕스럽게 이 세계를 자르는 모습을
   묘사하고 있다.
B 1769년 사우스캐롤라이나에서
   사용되었던 '최상급의 건강한' 노예들을
   경매한다는 광고지.
C 1788년 노예제 폐지론자들이 발표한
   영국 노예선 브룩스호의 그림은
   400명의 노예들을 어떻게 배에
   실었는지 보여준다. 대서양을 횡단하는
   노예무역의 끔찍한 실상을 알리기 위해
   널리 사용되었다.

그리고 아메리카에서 노예들의 노동력으로 생산된
담배·설탕·면화와 같은 원자재를 다시 유럽에 팔았다.
북아메리카의 유럽 식민지들은 아프리카 및 카리브해
지역과 직접 거래했다.

북아메리카에서 노예제가 폐지될 때까지 1천 200만 명의
아프리카인들이 노예가 되어 대서양 너머로 팔려나갔다.
노예를 실어 나르는 아프리카 서해안과 서인도 제도
사이의 중간 항로 과정 중 잔인하고 비인도적인
환경으로 인해 400만 명가량이 땅을 밟기도 전에
사망했고, 때로는 사망률이 50퍼센트에
이르기도 했다.

서구 열강들은 직물과 향신료에 열광하며 아시아에 더욱 눈독을 들였고, 아시아 무역을 위해 영국 동인도회사(1600)와 네덜란드의 동인도회사(1602)같은 합자회사를 설립했다. 영국 동인도회사는 1858년까지 현재 남아시아에서 인도, 파키스탄, 방글라데시, 네팔, 부탄, 스리랑카 등의 나라가 위치한 인도 아대륙 대부분을 직접 통치하며 식민 권력으로 우뚝 섰다. 중국과 일본은 정식으로 식민지가 되지는 않았으나 1839년부터 유럽 열강들의 군사적 위협 속에 '불평등 조약'을 체결하면서 일방적으로 문호를 개방하게 되었다. 제국주의는 산업화의 필요조건일 뿐 충분조건이 아니었다. 영국은 해외무역을 충분히 활용하며 경제 이득을 누린 반면, 스페인과 포르투갈은 침체의 늪에 빠져 어려움을 겪었다.

점차로 경제에 대한 사람들의 생각이 바뀌기 시작했다.

18세기 후반까지 유럽 국가들은 중상주의mercantilism 관점에서 경제를 바라보았고, 무역수지balance of trade 흑자를 통해 얻은 금 보유량으로 부를 측정했다. 국내 생산을 지원하는 경제정책을 시행했고, 외국 제품에는 관세(수입이나 수출에 부과하는 세금)를 부과했다.

A

A 영국의 화가 프란시스 헤이만(1708~1776)이 1762년경 그린 〈플라시 전투 후 미르 자파르와 만나는 클라이브 경Lord Clive Meeting with Mir Jafar After the Battle of Plassey〉. 이 작품은 1757년 벌어진 플라시 전투의 여파를 묘사하고 있다. 동인도회사가 승리를 거두면서 영국은 인도 아대륙에 대한 제국주의 지배의 토대를 마련했다.

B 스코틀랜드 커콜디에서 사용된 트레이드 토큰(trade token, 1797)에는 1723년 이곳에서 태어난 애덤 스미스의 얼굴이 새겨져있다.

C 뒷면에는 애덤 스미스의 역작 《국부론》의 제목과 함께 산업현장이 묘사되어 있다.

이런 관점은 18세기 말에 접어들며 점차 활력을 잃었다. 스코틀랜드의 경제학자 **애덤 스미스** Adam Smith의 연구는 고전경제학파의 근간을 이루었다. 이들은 개인이 각자의 이익에 따라 행동하도록 놔두면 모두가 혜택을 얻을 것이라고 주장했다.

스미스의 '보이지 않는 손'은 저서에 세 번밖에 언급되지 않았지만, 엄청난 영향력을 행사했다. 이기심에서 비롯된 개개인의 행동이 전체 사회를 이롭게 할 수도 있다. 이는 자본주의가 자유롭게 발전하도록 제재를 가하지 않고 가만히 두면, 결국 사회에 긍정적인 결과를 가져온다는 주장을 뒷받침하는 근거가 되었다.

B

C

중상주의 15~18세기 중반까지 서구 사회를 지배한 경제이론으로, 이웃 나라들을 희생시켜 자국을 부강하게 만들어야 한다고 강조했다. 중상주의 경제의 주요 특징으로는 지대추구가 있다.

무역수지 한 나라의 제품 및 서비스의 수출과 수입 차이를 말한다. 무역수지 적자는 수출보다 수입이 많은 경우이며, 무역수지 흑자는 수입보다 수출이 많은 경우다. 국제수지는 한 나라와 다른 나라들 사이에 이루어진 금융 거래까지 모두 포함하는 더 넓은 의미의 용어다.

애덤 스미스(1723~1790) 영국의 철학자이자 정치경제학자(정치경제학은 18세기 당시 경제학으로 알려진 학문 분야를 말한다). 최초의 근대적인 경제학 저술인 《국부론The Wealth of Nations》(1776)을 출간하며 큰 반향을 일으켰다. 고전경제학의 대표 도서이자 이후 경제학과 경제 사상의 출발점이 되었다.

고전학파의 핵심 이론은 프랑스 경제학자 장 바티스트 세이(1767~1832)가 주장한 시장의 법칙law of markets이었다. 이는 '한 제품이 생산되자마자 그 제품의 가치만큼 다른 제품들에 대한 수요가 창출된다'는 원리였다. 생산이 이루어지면 사람들은 임금과 소득을 얻게 되고, 그에 따라 부가 늘어나 수요로 이어진다. 고전경제학자들은 정부가 가능한 시장에 개입하지 말아야 한다고 주장했다. 이러한 자유방임주의 관점은 수요와 공급의 힘이 궁극적으로 가격을 결정하고 정부는 과도하게 개입하지 않는 시장, 즉 자유시장이 가장 효율적인 결과를 가져온다고 여겼다.

이와 같은 접근은 공리주의에 지대한 영향을 미쳤다. 공리주의는 어떤 행동의 효용이 그 행동에 따른 결과를 기준으로 판단되어야 하며, 사회 전체의 행복을 증대시키는 것이 가장 중요한 목적이라고 주장했다. 이를 경제학에 적용하면, 일부 사람들에게 나쁜 영향을 미친다 해도 나머지 대다수에게는 바람직한 방법일 수 있다는 의미였다.

1890년대에 나타난 신고전학파는 시장을 자유롭게 두어야 한다는 고전학파의 신념을 이어받았다. 두 학파는 합리적인 경제주체들이 부를 극대화하고 가장 효율적으로 목표를 달성하려는 이기심에 따라 움직인다고 주장했고, 행동주의 경제학파behaviouralist school는 후에 이런 주장을 비판했다. 그렇지만 고전학파와 신고전학파가 생각을 달리하는 부분도 있었다. 첫째, 고전학파는 생산에 투입된 노동시간을 기준으로 제품의 가치를 측정했다. 이를 '노동가치설labour theory of value'이라고 한다. 반면, 신고전학파는 가치가 상대적이며 개인의 선호도에 따라

A 북인도 우타르 프라데시 주의 로니 마을에서 승객들이 기차를 가득 메운 장면. 1947년 독립 이후 인도 인구는 4배 가까이 늘어났다. 이런 급격한 인구증가는 산업화 이후 실질임금이 상승하고 경제발전으로 유아 사망률이 감소했기 때문이었다.

B 영국의 소설가 허버트 조지 웰스 (1866~1946)의 《우주전쟁The War of the Worlds》에 수록된 삽화. 1906년 브라질의 삽화가 엔리케 알빔 코레아(1876~1910)가 그렸다. 1898년 출간한 이 소설은 고도로 산업화된 세상에 대한 사람들의 두려움을 그리고 있다.

행동주의 경제학파 경제주체들이
합리적이라고 가정하는 대신,
사람들의 실제 행동을 모델링하는
데 초점을 맞춘다. 사람은
휴리스틱(heuristic, 의사결정을
단순화하는 실용적인 방법)과
프레이밍(framing, 어떤 대상에
대해 이미 갖고 있는 고정관념)에
의존하는 감정적 존재이며, 이런 인지
편향이 경제 행위에 영향을 미친다고
주장했다.

외부효과 어떤 경제주체가 의도치
않게 발생시킨 뒤 책임지지 않는
결과물. 공장의 오염물질 배출과 같은
부정적 외부효과와 신기술 개발에
따른 사회 전체의 생산성 향상과 같은
긍정적 외부효과가 있다. 대부분은
부정적 외부효과가 발생하며,
정부는 규제를 마련하거나 부정적
외부효과의 가치만큼 세금을 부과해
이를 해결한다.

실질임금 물가상승을 반영해
조정한 임금으로, 실제 구매할 수
있는 제품과 서비스의 가치를 정확히
나타낸다.

B

결정된다고 하는 '주관가치설subjective theory of value'을
강조했다. 또한 일부 신고전학파 경제학자들은 **외부효과**
externality에 대한 연구를 통해 자유시장에 의문을
제기했다. 그들은 자본주의 체제에서 금융위기와 같이
정부의 개입이 필요한 상황들이 있다고 주장했다.

1820년 이후 서유럽과 북미에서 자본주의가 세를 펼치기 시작했다. 더불어 세계
인구가 폭발적으로 증가했는데, 이는 부분적으로 산업혁명의 영향이 작용했다.
실질임금real wage 상승으로 일찍 결혼해 가정을 꾸릴 수 있게 되면서, 평균
초혼연령이 낮아져 출산율이 높아지고 자녀수가 많아졌던 것이다. 19세기
이전에는 인구가 늘면 노동력이 남아돌아 실질임금이 하락했다.

19세기 후반에는 인구 증가와 더불어 임금도 상승하기 시작했다. **맬서스의 위기**Malthusian crisis가 현실화될 가능성은 없어 보였다.

기대수명 또한 빠르게 늘어났다. 1800년에는 평균 기대수명이 약 30세였던 반면, 2010~2013년에는 71세에 달했다. 이는 막대한 인구 증가로 이어져, 1800년에 약 10억 명이었던 전 세계 인구는 2011년에 70억 명을 돌파했고, 2024년에는 80억 명에 이를 것으로 예상된다.

19세기에는 기술혁신도 빠르게 이어졌다. 증기엔진을 선박에 도입하면서 기존의 범선보다 더 많은 화물을 싣고 더 빠르고 안정적으로 바다를 건널 수 있었다. 뒤이어 전기를 발견하고, 이를 빛이나 기계 에너지로 전환하는 방법들도 발명되었다.

A 1903년 런던 해머스미스 램프 및 밸브 공장. 노동자들이 카본 아크 램프carbon arc lamp를 포장하기 전 마지막으로 제품을 검사하고 있다. 전등의 발명으로 공장을 24시간 가동할 수 있게 되면서 경제에 큰 변화가 일어났다.
B 1928년에 완공된 미시간 주 디어본의 포드 리버 루즈 공장. 차대부터 조립을 시작해 완성차가 만들어지면 차를 몰아 생산 라인 밖으로 이동시켰다.

A

맬서스의 위기 영국의 인구통계학자 토머스 로버트 맬서스(1766~1834)의 이론. 맬서스는 인구 증가를 억제하지 않으면 보건 수준과 개인 소득이 하락해 결국 위기를 맞게 될 것이라고 주장했다. 전쟁, 기아, 질병 등의 '적극적 억제'와 피임, 출산 지연 등의 '예방적 억제'를 통해 위기를 막을 수 있다고 보았다.

B

전기는 통신에도 이용되어 전보를 통해 메시지를 보낼 수
있게 되었고 그 결과 글로벌 커뮤니케이션 체계가 갖추어지기
시작했다. 교통과 통신의 발전으로 지구화는 더욱
가속화되었다.

1862년 대중시장을 겨냥한 최초의 내연기관이 설계되었고, 1886년 자동차가
첫 선을 보였다. 전기가 보급되고 엔진 기술이 발전하면서 대량생산 시대가
개막했다. 공장들은 앞 다투어 컨베이어 벨트를 도입해서 노동자들이
특정 과업을 반복적으로 수행하는 생산 체계를 마련했다. 이는 효율성 증대로
이어졌다. 1914년 미시간 주 포드 자동차 공장에서는 93분 만에 모델T 한 대를
생산할 수 있었다. 이러한 방식은 생산비와 제품 가격을 낮췄다.

A 칼 마르크스가 세 딸(제니, 라라, 엘리노)과 자신의 친구이자 사상적 동반자인 프리드리히 엥겔스(왼쪽)와 함께한 사진. 1860년대 당시 마르크스와 엥겔스는 프로이센 당국을 피해 영국에서 지냈다.

B 〈국제연맹: 모든 자본주의자들이여, 연합하라!〉(1917~1920년경). 소련의 이 선전 포스터는 러시아 내전에서 반공산주의 진영을 지지했던 미국, 영국, 프랑스를 탐욕스러운 부자로 묘사하고 있다.

C 러시아 혁명으로 인해 민중이 누릴 수 있는 혜택을 그린 1919년의 포스터. 왼쪽은 혁명이 일어나기 전 노동자들이 억압받고 착취당하는 모습을, 오른쪽은 프롤레타리아가 우위를 차지한 모습을 표현했다.

영국은 산업혁명이 첫 싹을 틔운 나라였다. 그러나 19세기말 경에는 '세계의 공장' 타이틀을 내주어야 했다. 1900년 무렵 독일과 미국이 전체 산업 생산량에서 영국을 훨씬 앞질렀던 것이다.

자본주의의 성과는 공평하게 돌아가지 않았다. 산업혁명의 결과 많은 사람들이 시끄럽고 위험한 공장에서 더 오랜 시간 일하게 되었고, 더럽고 비좁은 도시로 삶의 터전을 옮겨야 했다. 1820~1830년대에 걸쳐 진행된 초기 사회주의는 인정사정없는 이윤추구를 비판하며, 자원과 상품을 공동으로 소유하는 평등 사회 건설을 주장했다.

독일 사회주의 철학자 칼 마르크스(1818~1883)와 프리드리히 엥겔스
(1820~1895)는 런던에 망명해 인류 역사상 가장 중대한 영향을 미친
반反 자본주의 철학의 기틀을 마련했다. 마르크스주의학파는 개인이 아닌
계급을 기반으로 사회가 구성된다고 보았고, 계급투쟁을 역사 발전의
원동력으로 보았다. 자본주의는 인류가 발전하는 과정의 한 단계일 뿐이며,
국가가 중앙에서 경제 전체를 계획하는 사회주의 체제에 자리를 내줄
것이라고 생각했다. 그리고 이를 달성하기 위해서는 노동자 계급이 혁명을
통해 자본주의 체제를 전복시켜야 한다고 주장했다.

자본주의는 전 세계를 상업적으로 연결해 평화를 정착시킬 거라는 낙관적인
전망을 가지게 했으나, 제1차 세계대전(1914~1918)은 이런 기대를 단숨에
무너뜨렸다. 전쟁 사망자는 무려 군인 1천 100만 명, 민간인 700만 명에 달했다.
그렇지만 장기적으로, 세계대전에서 비롯된 가장 중요한 사건은 1917년 러시아
혁명과 그에 따른 소비에트 사회주의 공화국 연방USSR(소련)의 수립이었을 것이다.
USSR은 생산수단을 국가 또는 노동조합이 소유했다. 중앙정부가 경제 전반을
계획하고 주도하면서 농업 위주의 낙후된 기존 경제를 빠르게 산업화하려는
방법들이 강행되었다. USSR 수립 초기 수십 년 동안, 소련 경제는 눈부신 성장을
이룩했으나 장기적으로 심각한 취약점들을 드러냈다(2장 참조).

B

C

A

한편 미국은 '포효하는 20년대Roaring Twenties'라 부르던 호황기를 맞이해 번영을 누렸다. 주식시장은 연일 뜨겁게 달아오르고 있었다.

그러나 1929년 10월 24일, 투자자들의 신뢰가 무너지면서 뉴욕증시는 폭락했다. 한껏 부풀어 올랐던 **거품경제**economic bubble가 한순간에 터지고 만 것이다. 금융 불안이 전 세계로 확산되고, 개인과 기업들이 투자에서 물러나 자산을 비축하면서 총수요 또한 급격히 줄었다. 그리고 이는 20세기 최악의 금융 위기인 대공황으로 이어졌다.

A 1920년대 중반 뉴욕 타임스퀘어 근처 극장에서 수많은 인파가 쏟아져 나오고 있다. 이 사진은 포효하는 20년대의 시대정신을 그대로 보여준다.
B 대공황 시기 최악의 자연재해 중 하나였던 1937년 오하이오강 홍수로 인해 구호 물품을 받으려고 줄 선 사람들. 마가렛 버크화이트(1906~1971)가 찍은 이 사진은 '아메리칸 드림'과 현실 사이의 괴리를 여실히 보여준다.

거품경제 자산 가격이 자산의 내재가치보다 과도하게 높을 때 발생. 일반적으로 지나친 확신과 인위적인 가격 상승이 원인이다.

'대공황'은 1929~1932년까지 세계 GDP를 15퍼센트나
감소시키며, 국제무역과 생산량에 타격을 주었고, 미국에서만
3천만 명에 달하는 대량 실업을 발생시켰다. 나락으로 떨어진
세계 경제는 1933년까지도 회복될 기미가 보이지 않았다.
그 결과 유럽 여러 나라들은 급진적인 해결책을 약속하는
극단주의자들에게로 돌아섰다. 특히 독일에서는 나치당이
등장해 1933년 정권을 잡았다. 대공황에 이어 전 세계는 다시
한 번 전쟁의 소용돌이에 휘말렸다. 92개국, 1억 2천 100만 명의
군인이 동원된 제2차 세계대전(1939~1945)이 일어난 것이다.
이 전쟁에서 약 7천만 명이 희생되었고, 그중 3분의 2가
민간인이었다.

A   B

제2차 세계대전으로 심각한 피해가 발생했지만, 전쟁 이후 1973년까지 '자본주의의 황금기'라 불리는 호황이 이어졌다. 이 시기 1인당 연평균소득은 미국이 2.5퍼센트, 서유럽은 4퍼센트 이상, 일본은 8퍼센트 이상 증가했다. 각국 정부는 금융부문을 안정시키고 고용을 늘리는 케인스 정책 Keynesian을 시행했다. 많은 나라들이 철도, 에너지와 같은 주요 산업을 국유화하고 공공복지 체계를 만들었다. 1944년 7월 미국 뉴햄프셔 주에서 열린 '브레튼 우즈 회의Bretton Woods Conference' 에서 전후 국제경제 질서를 확립하기 위한 제도적 기반이 논의되었고, 그 결과 국제통화기금IMF, International Money Fund과 세계은행World Bank이 설립되었다.

마셜 플랜Marshall Plan에 따른 미국의 원조 또한 서유럽의 경제 회복을 뒷받침했다. 유럽 각국은 자국 통화의 가치를 미국 달러에 연동시켜 환율을 안정시켰다(이를 테면 1파운드=2.8달러 수준). 달러는 미국 경제의 탄탄한 체력과 금 태환의 안전성에 힘입어, 국제 사회에서 기축통화로 신뢰를 얻었다. 1947년 회원국들 사이에 무역 장벽을 낮추는 첫 번째 다자간무역협상이 진행되어 관세 및 무역에 관한 일반협정GATT이 체결되었고, 23개국으로 시작했던 GATT는 1994년 123개국으로 확대되었다.

1951년 유럽에서는 서독, 프랑스, 이탈리아, 네덜란드, 벨기에, 룩셈부르크가
참여하는 유럽석탄철강공동체ECSC가 출범하면서 경제통합이 시작되었다.
이들 6개국은 6년 뒤 자유무역협정(로마 조약)을 체결하고 유럽경제공동체EEC를
창설했다(영국은 1973년 가입).

케인스 정책　영국의 경제학자 존 메이너드
케인스(1883~1946)가 주장한 이론. 케인스는 총수요가
경제를 움직이는 가장 중요한 요인이라고 말했다. 케인스
학파는 정부가 개인과 기업에 관련된 미시경제정책이
아니라, 경제 전반을 다루는 거시경제정책에 적극적으로
개입해야 한다고 생각했다. 특히 불황기에는 수요를
유지하기 위해 정부 지출을 늘리고 세금을 낮춰야 한다고
보았다.

국제통화기금(IMF)　세계 경제를 관리·감독하고
안정시킬 목적으로 설립. 189개국이 가입해 있으며,
각국은 경제력을 바탕으로 일정한
지분quota을 출자해 기금을 조성한다. 이 지분에
따라 금융위원회 이사국, 투표권, 대출한도가
결정된다(2016년 기금 총액은 6,680억 달러). IMF는
국제수지 악화로 어려움을 겪는 국가들에 긴급자금을
지원한다(정부지출 감소를 비롯한 여러 조건들이
적용된다). 자금을 지원받은 국가들은 대출을 통해 국가
부도를 막을 수 있다.

세계은행　개발도상국에 자금과 지식을 제공해
지속가능한 경제성장을 지원하고 빈곤을 퇴치하기 위해
설립. 1947년부터 보조금과 대출을 통해 1만 2천여 건의
프로젝트를 지원했다.

마셜 플랜　제2차 세계대전 후 1947~1951년까지
미국이 서유럽 16개국의 재건을 돕기 위해 행한
대외원조계획이다. 당시 미국 국무장관이었던 조지
마셜(1880~1959)의 이름을 땄다. 소련이 이끄는 동구권
국가들은 미국의 원조를 거부했다.

C

A　1923년 통제가 불가능할
정도로 극심한 인플레이션
현상이 나타나는
'초인플레이션'의 영향은
여실히 드러났다. 독일은
전쟁 배상금을 지불하기 위해
지폐를 찍어낼 수밖에 없었고,
그에 따라 급속한 물가상승을
경험했다. 마르크화는 결국
쓸모없는 휴지조각이 되었다.
B　마르크화의 가치가 붕괴하자
벽지를 사는 것보다 지폐로
도배를 하는 것이 더 저렴했다.
IMF와 같은 국제기구들은
이러한 금융 재앙을 막기 위해
여러 나라들과 협력한다.
C　1944년 마운트 워싱턴 호텔에서
열린 브레튼 우즈 회의에 참석한
44개국 대표단.

이 시기의 또 다른 특징은 탈식민지화였다. 유럽 식민지들은 베트남, 알제리와 같이 격렬한 투쟁 끝에 독립을 얻은 경우가 많았다. 아프리카 일부 국가들에게 독립은 새로운 어려움을 가중시켰다. 그러나 대부분의 신생 독립국들은 산업화와 신기술 도입의 결과로 경제성장을 이뤄나갔다. 특히 동아시아의 대한민국, 홍콩, 싱가포르, 대만은 '호랑이 경제 tiger economy'라고 불릴 만큼 눈부신 초고속 성장을 이룩했다. 정부가 은행의 신뢰성을 높이는 등 안정성을 강화하는 효과적인 경제정책을 실행했기 때문이었다. 이들 국가는 초등교육을 보편화하고 중·고등교육을 확대하는 인적투자를 통해 노동력의 질을 향상시켰다. 또한 정보를 공유하고 특정 산업(의류, 플라스틱, 전기, 자동차 등)에 보조금을 지급하는 등 민간 기업들과도 협력했다. 이를 바탕으로 전 세계에 완제품을 활발히 수출하면서, 동아시아 4개국은 빠르게 경제성장을 이룩했다.

전후 경제 호황은 1970년대 초반에 막을 내렸다. 1971년
미국의 달러 금태환 정지 선언이 그 신호탄이었다. 달러에
대한 신뢰가 약해지면서 각국은 환율을 달러에
연동시키던 '달러 페그제'를 중단했다. 그 결과
통화가치가 수요에 따라 변동했고, 시장이 흔들릴
가능성도 높아졌다.

A

B

A 1973년 1차 석유위기 당시 오리건 주의 한 주유소에 이른 아침부터 줄이
   늘어서 있다. 판매는 선착순으로 이루어졌고, 자동차 한 대 당 5갤런까지만
   기름을 살 수 있었다.
B 일부 지역에서는 자동차 번호판에 따라 석유가 배급되었다. 번호판 끝자리
   수가 짝수인 차량은 짝수 날에, 홀수인 차량은 홀수 날에 석유를 살 수 있었다.
   그러나 1973년, 석유위기가 끝날 기미가 보이지 않자 많은 주유소들이 문을
   닫기 시작했다.

1973년 미국이 이스라엘을 지원한 데 대한 반발로 중동 산유국들이
석유 수출을 금지하면서 위기가 찾아왔다. 6개월 동안 지속된 1차
석유위기 기간 동안 원유 가격은 배럴 당 3달러에서 12달러로
치솟았다. 이후 1979년 이란 혁명의 여파로 2차 석유위기가 터졌다.
두 차례 석유위기는 1974~1975년, 1980~1983년에 걸쳐
인플레이션으로 이어지며 세계 경제를 침체의 늪으로 몰아넣었다.
경기가 침체되면 가격이 하락한다고 여겼던 기존 이론과 달리
물가상승과 경기침체가 동시에 일어난 전례 없는 이 현상을
스태그플레이션stagflation이라고 한다.

A

1970년대 후반~ 1990년대까지 영국·미국을 비롯한 많은 나라들이
신자유주의Neoliberalism의 깃발 아래 경제개혁을 추진했다.
신자유주의의 목표는 정부의 역할을 줄이고 민간부문의 자율성을
높이는 것이었다. 나라마다 차이는 있었지만 이러한 개혁에는 공기업
민영화, 규제 완화, 부유층 감세가 대부분 포함되었고, 빈곤층의
근로 의욕이 높아질 것이라는 이유로 사회복지는 전보다 축소되었다.

신자유주의 경제 개혁은 공급을 중시하는 경제 이론에 바탕을 두고
있었다. 사회 전체의 이익을 위해 과감한 세율인하로 기업과 개인에게
생산부문의 투자를 하도록 유도하자고 주장하는 공급경제학에서는
제품 및 서비스 생산의 장벽을 낮춰 공급을 늘리고, 비용을 줄이는 것이
경제성장의 핵심이라고 주장했다. 그에 따라 대기업이 성장하고 상위
계층의 부가 증가하면 이들의 소비가 늘어나 '낙수효과'를 통해
중소기업과 저소득층에도 혜택이 돌아간다고 생각했다. 하지만 이런
가정들은 대부분 맞지 않았다. 신자유주의 정책으로 경제가 성장하고
일부 계층이 부유해졌지만, 늘어난 부는 공평하게 돌아가지 않았고
장기적으로 금융 불안을 야기했다(3장 참조).

일본의 사례는 1980년대의 성공이 어떤 결말에 이르렀는지 잘 보여준다. 일본 경제는 10년 간 호황을 맞아 주식과 자산가치가 고공행진을 거듭했다(거품이 최고조에 이르렀을 당시 340만 제곱미터인 도쿄 황궁이 캘리포니아 주 전체 부동산가치보다 높았다). 그렇지만 호황은 지속되지 못했다. 자산가치를 비롯해 GDP와 실질임금이 폭락하면서 일본은 '잃어버린 10년'을 맞게 되었다.

1989년 베를린 장벽 붕괴를 계기로 냉전시대가 저물기 시작했다.
2년 뒤 USSR이 붕괴되었다.

사회주의 진영이 무너지자 많은 나라들이 자본주의로 돌아섰다.

A 1979년 영국의 광고회사 사치앤사치(Saatchi & Saatchi)가 디자인한 보수당 선거 포스터. 보수당이 노동당을 누르고 승리한 결과 마가렛 대처(1925~2013)가 수상이 되어 11년 동안 정권을 유지했다. 대처의 신자유주의 정책은 영국을 근본적으로 바꿔놓았다.
B 1989년 11월 9일 베를린 장벽 붕괴가 공식 선언되었다. 자본주의 국가인 서독과 공산주의 국가인 동독을 나누는 상징이었던 베를린 장벽의 붕괴는 냉전 종식과 동구권의 몰락을 예고하는 사건이었다.

신자유주의 19세기 자유주의에 바탕을 둔 이론으로, 국가권력의 시장개입을 비판하고 시장과 민간의 자유로운 경제활동을 중시한다. 케인스 이론의 실패를 지적하고 경제적 자유방임주의를 주장하면서 본격적으로 대두되었다.

자본주의로 돌아선 많은 사회주의 체제 국가들이 이 과정에서
대부분 높은 실업률과 인플레이션으로 큰 어려움을 겪었다. 특히
러시아는 7년 만에 GDP가 40퍼센트나 줄어들며 곤경에 처했다.
1949년 공산주의 정권이 들어선 중국은 사회주의를 유지하고
있지만, 1978년 이후 점차 자본주의 국가들과 교역의 문을 열었다.

1990년대에는 지구화와 경제 통합의 물결이 이어졌다. 1993년 유럽연합
EU이 창설되어 유럽 내에서 상품·서비스·사람·돈이 자유롭게 이동하는
단일시장이 형성되었다. EU는 과거 공산국가였던 일부 동유럽국가까지
받아들여 2004년에는 28개국으로 확대되었다(이 가운데 19개국이 단일
화폐인 유로를 사용한다). 2016년 영국이 국민투표 결과 EU를 떠나기로
결정하면서 회원국이 27개국으로 줄었다.

1994년 북미자유무역협정이 체결되어 미국, 캐나다, 멕시코 사이의 무역 장벽이 낮아졌다.
이듬해에는 GATT를 대신해 세계무역기구WTO가 설립되었다. WTO는 상품에 치중했던
GATT와 달리 상품, 서비스, 지적재산권 등 넓은 분야를 포괄적으로 다루고 있으며
공식적인 국제무역기구로서 GATT보다 강력한 법적 구속력을 갖고 있다. 이를 바탕으로
무역 협상 및 분쟁 해결을 위한 국제적인 토론의 장으로 역할을 다하고 있다. 2016년
아프가니스탄이 164번째 회원국으로 가입하면서 현재 세계 무역의 98퍼센트가 WTO
체제 안에서 이루어지고 있다.

A

A 1993년 10월 29일 브뤼셀에서
   열린 유럽이사회에서 대표단이
   '마스트리히트' 조약 발효를
   승인했다. 이 조약으로 EU 창설의
   토대가 마련되었다.
B 1999년 WTO 각료회의가 열리는
   시애틀에 시위대가 모였다.
   대대적인 반지구화 시위가
   격렬하게 이어지면서, 결국 회의는
   중단되었다.

B

세계경제 통합이 확대되고 인터넷의 등장으로
커뮤니케이션에 일대 혁명이 일어나면서,
지구화 흐름은 더욱 거세졌다.

1990년대 후반 즈음 세계 각국 경제는 서로 긴밀히 묶여 영향을
주고받고 있었다. 이는 금융위기가 급격히 확산될 수 있다는 의미이기도
했다. 1997년 아시아 금융위기는 이러한 위험을 여실히 증명했다.
대한민국, 태국, 말레이시아, 인도네시아 경제는 호황을 누리며
승승장구했으나 과대평가된 시장에 대한 신뢰가 무너지고 화폐가치가
하락하자 순식간에 주저앉고 말았다. 상황을 진정시키기 위해 IMF가
400억 달러의 구제 금융을 풀었으나 위기는 동아시아의 다른 지역으로
퍼져나갔다. 결국 이듬해인 1998년에는 러시아, 브라질, 아르헨티나가
금융위기를 맞았다. 1999년 미국 시애틀에서 WTO 반대 시위가
일어나면서 반지구화운동에 불이 붙었다.

A

인터넷이 우리 생활에 깊숙이 자리 잡으면서, 1995년 이후 IT기업들의 주가가 급격히 치솟았다. 그러나 1999년부터 2001년 사이, 닷컴버블이 무너져 6조 달러가 증발하고 말았다. 소셜 네트워킹 서비스를 제공하는 더글로브닷컴theGlobe.com의 주가는 닷컴버블이 얼마나 극적으로 붕괴되었는지 잘 보여준다. 1998년 11월 13일 나스닥 시장에 상장된 첫 날, 더글로브닷컴의 주가는 600퍼센트 넘게 폭등하며 63.5달러까지 치솟았다. 하지만 2001년에 주가는 1달러도 안 되는 수준으로 떨어져 겨우 7센트에 거래되었다. 결국 더글로브닷컴은 2008년 영업을 중단했다.

> 영국을 제외한 유럽 대부분의 나라와 미국은
> 경기침체와 함께 밀레니엄을 맞이했고, 일본 경제
> 역시 나아질 기미가 보이지 않았다.

A   2016년 런던에서 열린 '의료, 주거, 일자리, 교육을 위한 행진March for Health, Homes, Jobs and Education'에서 시위 참가자들은 보수당의 긴축재정 중단을 요구했다.
B   2012년 재정 긴축에 반대하며 수천 명이 런던에 모였다. 시위 집단을 나타내는 하나의 상징이 된 가이 포크스Guy Fawkes 가면이 눈에 띈다.

2000년대 중반 세계 경제가 성장세를
회복하면서 영구적인 안정을 기대할 수 있는
새로운 시대가 밝았다는 낙관론이 나타났다.
그렇지만 2008년 세계 금융위기로 전 세계가
몸살을 앓으며 이러한 기대는 물거품이 되고
말았다(3장 참조). 그 여파는 10년이 지난
지금도 여전히 이어져 오늘날 세계 경제에
큰 영향을 미치고 있다.

B

| | | 330 | |
| 20 + | 17 + | 13 + | 19 + |

ーザイ	旭硝子	INAXトステム	NEC	ビク
5523	5301	5938	6701	67
2520	801	1684	498	
20 +	3 +	64 +	32 +	

LC	太平洋セメ	タクマ	富士通	マク
6661	5233	6013	6702	68
7350	170	790	418	L
70 +	7 +	8 +	33 +	

ﾌ/テレビ	TOTO	アマダ	沖電気
6676	5332	6113	67
500	423	373	
2 +	16 +	20 +	

士写	新日鉄	森精機
4901	5401	6141
3960	149	634
0 +	6 +	25

ニカ	JFEHD	島精機
4902	5411	6222
889	1417	2640
9 +	21 -	15 +

生堂	日軽金	コマツ	ア
4911	5701	6301	
1453	93	430	
17 +	2 +	15	

イオン	三井金
8912	5701
511	
1 +	
日石	

2. 현대 자본주의는 어떻게 작동하는가?

A

자본주의는 제대로 작동하고 있다.
당신이 책을 읽고 있는 것이 바로 그 증거다.

당신은 이 책을 서점에서 직접 구입했거나 택배로 받았거나 전자책으로 다운로드 받았을 수도 있다. 어떤 방법으로 구입했든 간에, 이 책은 수천 명이 포함된 복잡다단한 여러 과정을 거쳐 완성된 결과물이다. 각 단계마다 개개인을 움직이는 동인은 바로 경제적 이기심이다.

이는 전혀 새로운 개념이 아니다. 1958년 미국의 사업가 레너드 리드Leonard E. Read (1898~1983)는 연필을 예로 들어, 간단한 물건이 만들어지기까지 수많은 사람들의 거대한 네트워크가 작동한다는 사실을 확인시킨 바 있다. 사람들을 한데 모아 움직이게 만든 요인은 협동심이 아니라, 이익추구였다. 그렇지만 개개인은 자신의 부를 늘리기 위해 경제활동에 참여하면서 소비자에게 막대한 이익을 줄 수 있다. 더 좋은 제품이 더 낮은 비용에 더 효율적으로 만들어지는 것은 이윤을 극대화하고 생산성을 높이기 위해 노력한 결과다. 바로 이것이 애덤 스미스가 말한 '보이지 않는 손'의 활약이다(1장 참조). 이러한 시장의 힘은 눈에 보이지 않아도, 막강하다. 인위적으로 개입하지 않고 시장의 자율성에 맡기면, 그 힘은 사회 전체에 이익이 되도록 제품의 수요와 공급을 원활하게 조정한다.

> 과거를 낭만적으로 평가하는 것은 대체로 잘못 판단하는 것이다. 아직 자본주의의 보이지 않는 손이 등장하지 않았던 19세기 이전에 사람들은 대부분이 힘겹고 단조로운 삶을 살았고, 평균수명도 매우 짧았다.

그때까지 인류는 수세기동안 농업에 기대어 불안정한 삶을 이어갔다. 대부분의 농사는 최저생활을 유지하는 수준에 불과했기 때문에 사람들은 가까스로 굶주림을 면했다. 경제성장은 기대할 수 없었다. 1000~1820년까지, 1인당 소득은 고작 연간 0.13퍼센트 늘었을 뿐이다. 사람들은 건강하지도, 오래 살지도 못했다. 셋 중 한 명의 아이들은 첫돌이 되기 전에 사망했고, 평균 기대수명은 30세 정도로 매우 낮았다.

레너드 리드 미국경제교육재단(FEE) 설립자. 20세기 자유주의 사상의 지지자로 여러 저술을 남겼다. 대표작으로 1952년 출간한 《나는 연필입니다 I, Pencil》가 있다.

1인당 소득 한 나라의 평균 소득을 측정하는 기준으로, 국민소득을 총 국민 수로 나눈 값. 해당 국가의 소득 수준을 보여주는 지표다.

A 1857년 장 프랑수아 밀레(1814~1875)는 〈이삭줍기The Gleaners〉에서 추수 후 밭에 떨어진 밀 이삭을 줍는 소작농 여성을 묘사했다. 유럽 대부분의 지역에서 이삭줍기는 가난한 농민들이 식량을 보충하는 주된 방법 중 하나였다.
B 피터 헨리 에머슨(1856~1936)의 〈집으로 가는 길Coming Home From the Marshes〉. 1886년 경 영국 동부 노퍽 펜스의 농업노동자들을 담은 사진이다. 에머슨은 19세기 농촌생활을 보여주는 작품을 많이 남겼다.

B

오늘날 전 세계적으로 평균 기대수명은 70세가 넘는다.
사람들은 역사상 그 어느 때보다 부유하게 장수를 누리고 있다.
스코틀랜드 출신 경제학자 앵거스 디턴Sir Angus Deaton(1945~)은
이러한 변화를 '위대한 탈출great escape'이라고 명명했다.
그는 1945년 이후 '많은 나라에서 급격한 경제성장이
수억 명을 빈곤에서 구했다'고 주장했다.

자본주의는 인류 역사에서 이처럼 예기치 않은 극적인 전환을 발생시켰다. 전 세계 유아 사망자 수는 지난 50년간 해마다 줄었다. 세계 인구의 3분의 1이상을 차지하는 중국과 인도에서는 신생아의 기대수명이 각각 75세와 65세로 나타났다. 이뿐만이 아니다. 세계보건기구에 따르면 5세 이하 유아 사망자 수는 1990년에 매년 1,260만 명이었으나, 2015년에는 절반 이하인 590만 명으로 크게 줄었다.

A 콤바인 사용으로 작물 수확이 자동화되면서, 농사에 드는 노동과 시간이 획기적으로 줄었다. 콤바인 헤더가 클수록 수확 작업이 보다 효율적으로 이루어진다.
B 자본주의 사회의 경쟁 압력은 혁신의 원동력이다. 독일 볼프스부르크 아우토슈타트에 있는 폭스바겐에는 2개의 유리 타워가 있다. 이곳은 각각 800대의 자동차를 수용할 수 있다. 자동차는 엘리베이터에 실려 구매자에게 자동으로 운반되기 때문에 유리 타워로 옮겨도 주행 기록계는 여전히 '0'이다.

앵거스 디턴 스코틀랜드 출신 미시경제학자. 프린스턴대 교수이다. 2015년에 노벨 경제학상을 수상하고, 다음해에 기사 작위를 받았다. 빈곤, 건강, 불평등, 경제발전에 대해 연구하고 있다.

A

돈이 곧 행복이라는 사실은
새삼스러운 일이 아니다.

2017년 유엔 세계 행복 보고서에 따르면, 1인당 GDP와 삶의 만족도 사이에 밀접한 상관관계가 있는 것으로 나타났다.

자본주의는 '혁신'을 부른다. 18세기 영국의 직물 생산자들이 비용을 줄이고 이익을 늘리기 위해 노동력을 줄이는 장치에 투자하면서, 산업혁명이 활기를 띠기 시작했다. 경제 전 부문에 걸쳐 기계화가 이루어지면서 생산량이 늘어나는 동시에 비용과 시간이 줄었다. 이러한 혁신은 19세기와 20세기에 걸쳐 지속되었다.

지난 100년 동안 농업분야의 효율성은 날로 향상되었다. 1930~2000년까지 미국의 농업 생산량은 4배나 뛰었다. 기술 혁신으로 더 적은 노동으로 더 많은 식량 생산이 가능했기 때문이다. 1900년까지만 해도 1에이커(약 4,000제곱미터)당 곡식을 심고, 키우고, 거두는 데 38시간이 필요했으나, 이제는 채 3시간도 걸리지 않는다. 기술은 수십 억 명을 고된 육체노동의 굴레에서 벗어나게 했다. 2000년의 1인당 평균 GDP는 1800년의 약 200달러보다 30배 높았다.

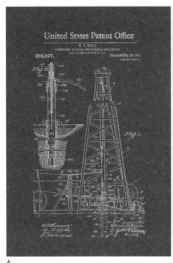

A

B

칼 마르크스는 기술 변화가 경제성장을 돕는다는 사실을 처음으로 인식한 경제학자였다(1장 참조). 하지만 자본주의가 몰락할 것이라던 그의 예측은 빗나갔다.

20세기 중반 경제학자 조지프 슘페터Joseph Schumpeter(1883~1950)
는 신기술이 자본주의에 활력을 불어넣는다고 주장했다. 노동이나
금융과 같은 다른 요소들도 꼭 필요하지만, 혁신의 중요성을 부정하는
것은 현명하지 못한 태도일 수 있다. 슘페터는 '창조적 파괴의 돌풍
the gale of creative destruction'이라는 비유를 들어, 경제가 혁신을
통해 어떻게 끊임없는 변화를 받아들이는지에 대해 설명했다. 이러한
과정을 거쳐 낡은 기술이 자연스럽게 도태되면서 필연적으로 일자리를
잃은 노동자들은 큰 타격을 입을 수 있지만, 창조적 파괴는 장기적으로
생산성을 끌어올린다. 실직은 현대 자본주의의 일부지만 영구적인
문제는 아니다. 예를 들어, 1999~2009년까지 미국에서 민간 부문
일자리 3억 3,890만 개가 없어졌으나, 동시에 3억 3,750만 개가
새롭게 생겼다.

인류를 더 오래, 안전하게, 편안하게,
즐겁게 살 수 있도록 한 발명품들은
이타적인 이유만으로 개발된 것은 아니다.
미국의 일론 머스크Elon Musk(1971~),
스티브 잡스(1955~2011)와 같은 뛰어난
기업가들은 혁신이 불러오는 이유을
확신했기 때문에 새로운 분야에 과감히
뛰어들었다. 자본주의 체제는 혁신을
촉구한다.

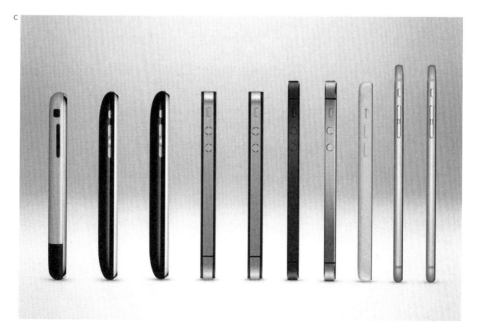

c

A

B

혁신이 활기 띠는 것은 자본주의 체제의 제도적 기틀을 이루는 특허법과 규제patent
laws and regulation 덕분이다. 혁신이라고 해서 마이크로프로세서나 내연기관, 전구
등의 획기적인 '거시 발명macro-invention'만 중요한 것은 아니다. 기존 기술의
생산성과 효율성을 한층 높여주는 소규모 개선인 '미시 발명micro-invention' 또한
기술 발전에 없어서는 안 될 요소다. 이러한 점진적 혁신(예를 들어, 아이폰은 2007년 출시
이후 계속해서 수정 모델을 내놓았고, 최신 모델은 첫 제품보다 5배 이상 높은 성능을 자랑한다)은
지속적인 생산성 향상을 이끈다.

> 21세기에는 생명공학, 의학, 컴퓨팅, 텔레커뮤니케이션 등
> 수많은 분야에서 새로운 가능성이 펼쳐질 것이다.
> 소비자들이 기꺼이 지갑을 열기 때문이다.

자유주의liberalism는 개인의 권리를 강조한다. 이는 정치적으로 **입헌 민주주의** constitutional democracy 및 법의 지배와 관련된다. 왕족과 귀족은 더 이상 출신을 근거로 사람들 위에 군림할 수 없었다. 경제적 측면에서 자유주의는 사람들이 원하는 대로 사유재산을 처분하고, 경제활동을 할 수 있도록 보장한다. 이를 통해 자본주의 체제는 발전한다. **이기적인 독재자**self interested autocrat가 공익을 추구하는 정책을 펼칠 것이라는 주장도 있다. 그렇지만 경제 성장과 발전에는 민주주의가 더욱 효과적이다. MIT의 한 연구에 따르면 비민주 정권에서 민주 정권으로 교체된 나라들은 장기적으로 1인당 GDP가 20퍼센트 늘어난다고 한다. 실제로 지난 50년 동안 지구상의 많은 나라들이 민주주의로 전환하면서 전 세계 GDP가 6퍼센트 증가한 것으로 나타났다.

A 미국 뉴멕시코 주에는 갤럭틱이 설계한 터미널, 격납고, 발사기지가 있다. 리처드 브랜슨 버진그룹 회장이 설립한 민간 우주탐사 기업, 버진 갤럭틱Virgin Galactic은 우주관광 사업을 목적으로 2004년에 설립되었다.

B '스페이스십 투'(가운데)는 준궤도 우주비행을 위해 설계된 여객용 우주선이다. 모선인 '화이트나이트 투'에 실려 상공에서 발사된다.

C 1976년 설립된 미시건 주의 냉동보존 연구소Cryonics Institute는 고객의 시신을 액체질소에 넣어 보존한다. 이들은 새로운 의료 기술의 발전으로 미래에 시신을 소생시킬 수 있을 것으로 기대한다.

D 냉동 보존된 사람들의 초상화가 벽에 걸려있다. 이곳에는 150명 이상의 '사람들'이 냉동되어 있다.

입헌 민주주의 국가는 여러 정당들 사이에 공정하고 자유로운 선거를 치른다. 이러한 체계는 정부의 권한과 국민의 권리를 보장하는 일련의 법률에 따라 관리된다. 헌법은 미국처럼 공식문서로 작성된 성문법 체계일 수도, 영국처럼 공식문서로 작성되지 않은 불문법 체계일 수도 있다.

이기적인 독재자 미국의 경제학자 맨커 올슨Mancur Olson(1932~1998)은 이기적인 독재자가 권력을 잡으면 '또 다른 보이지 않는 손'의 역할을 하며, 경제성장을 촉진할 수 있다고 주장했다. 장기적인 수익을 얻으려는 독재자의 이기적인 욕망이 국가의 부를 지키고 늘리는 조치로 이어질 것으로 보았기 때문이다.

민주주의는 비교적 안정적이고, 상대적으로 부패가 적기 때문에 다른 나라로부터 장기 투자를 유치시킨다. 사회주의 계획경제socialist planned economy와 달리 정부가 시장에 지나치게 개입하지 않는다. 그렇다고 해서 정부가 수행하는 중요한 역할까지 외면하는 것은 아니다. 제도학파institutionalist school경제학은 자본주의에서 정부와 같은 기관들의 중요성을 강조한다. 특히 정부는 질서 유지, 지적재산intellectual property 보호, 인프라 관리, 대외 정책을 통한 국내 산업 보호를 담당한다. 자유시장 free market경제는 경제성장을 가져온다는 점에서, 가장 효과적인 경제체제다.

미국이 세계 최고의 경제 대국으로 올라선 것은 자유주의의 승리다. 세계은행에 따르면 2016년 미국의 GDP는 18조 6,000억 달러로, 미국보다 인구가 3배 많은 최대 경쟁국인 중국(11조 2,000억 달러)보다 3분의 2 가까이 더 높다.

A   1985년 로널드 레이건이 마가렛 대처와 함께 자신의 애완견 럭키를 데리고 산책하고 있다.
B   1980년대에는 딜러들이 런던 국제금융선물거래소 객장에서 직접 거래했다. 선물은 상품이나 금융자산을 결정된 가격으로, 미래 일정 시점에 인도·인수할 것을 약정한 거래를 뜻한다.

사회주의 계획경제 마르크스주의의 핵심 사상으로, 정부가 경제계획수립에 매우 적극적인 역할을 해야 한다고 주장했다. 경제활동은 이윤을 추구하는 민간이 아니라, 국민의 이익을 추구하는 정부가 중앙에서 총괄해야 한다는 것이다.

B

1980년대부터 **신자유주의정책**neoliberal policy이 점차 영향력을 더해갔다. 미국 레이건 정부와 영국 대처 정부는 규제완화, 민영화, 감세를 통해 자유시장을 적극 육성했다. 그들은 정부가 경제에 개입하면 해결은커녕, 더 많은 문제를 야기할 것이라고 주장했다. 이러한 신자유주의 정책은 1990년대까지 전 세계를 휩쓸었다.

신자유주의는 분명 많은 사람들에게 부를 안겨주었다. 그렇지만 2008년 금융위기는 무분별한 신자유주의의 폐해를 고스란히 드러냈다. 금융위기 이후 각국의 정치 지도자들은 경제 안정을 회복하기 위해 자본주의 개혁에 힘써야 했다.

제도학파 개인의 경제행위에 미치는 역사적, 사회적 영향력을 강조한다. 제도학파의 주요 창시자 중 한 명은 사회학자이자 경제학자인 소스타인 베블런(1857~1929)이다. 1980년대에 발전한 신제도주의 경제학은 개인보다는, 제도가 경제에 미치는 영향에 중점을 둔다.

지적재산 개인 또는 조직이 갖고 있는 고유한 개념이나 아이디어, 창작물을 의미한다. 지적재산권은 다른 사람들이 지적재산을 모방하거나 도용하지 못하도록 막는다.

자유시장 정부가 개입하여 경제활동을 규제하는 것이 아니라, 경제 스스로 조절하는 체제를 뜻한다. 지지자들은 자유무역을 가로막는 조치들이 없어져야 한다고 주장한다.

신자유주의 정책 레이건과 대처의 신자유주의 정책은 공급경제학에서 비롯되었다. 세금을 줄이고 규제를 완화하면 제품과 서비스의 공급이 늘어나고 가격이 낮아지며, 그 결과 실업이 감소한다고 주장한다.

그렇지만 신자유주의라는 빈대를 잡겠다고, 자본주의라는 초가집까지 태울 필요는 없다. 그 대안은 더 좋지 않기 때문이다.

1917년 러시아 혁명으로 소비에트 사회주의 공화국 연방USSR(소련)이 수립되었다. 소련의 경제 체제는 자본주의와 정반대였다. 공장, 기계, 농장 등 생산수단의 사적 소유는 모두 사라졌다. 생산은 이윤 추구가 아니라 국가의 요구에 맞춰 이루어졌다. 초기의 '신경제정책New Economic Policy'은 자본주의와 국가의 통제를 조건으로 하는 자유시장의 요소를 얼마간 유지했다. 그러나 소련 정권은 1928년 제1차 경제개발 5개년 계획(1928~1932)을 통해 경제 부흥을 시도하면서 신경제정책을 폐지했다. 이오시프 스탈린Joseph Stalin(1878~1953)이 소련의 내실을 다지기 위해 추진한 '일국사회주의Socialism in One Country' 정책의 일환이었다.

A 1936년 스탈린의 '공포정치' 기간 중 빅토르 고보르코프가 만든 선전 포스터. "행복한 어린 시절을 선사해주신 고마운 스탈린"이라는 문구가 쓰여 있다.
B 1932~33년 수백만 명이 굶어 죽은 우크라이나의 기근은 우크라이나를 완벽히 통제하기 위한 소련의 의도적 작전이었다.

외국의 침입으로부터 나라를 보호하기 위해 스탈린은 최대한 신속하게 산업화를 추진했다. 경제개발 5개년 계획은 국민소득은 2배로, 투자는 3배로 늘리는 목표를 가지고 있었다. 스탈린은 석탄 생산 110퍼센트, 철 생산 200퍼센트, 전력 생산 335퍼센트 증대를 외치며 모든 자원을 중공업에 쏟아부었다. 비현실적인 생산 목표는 공장들이 결코 할당량을 채울 수 없게 만들었다. 농업부문에서는 생산성을 높일 목적으로 노동자들을 다른 지역으로 이동시키기 위해 개별 농장들을 통합해 집단화가 이루어졌다. 5개년 계획은 소련이 산업화를 이루고 제2차 세계대전을 버티게 하는 등 어느 정도 성공을 거두었지만, 심각한 부작용이 뒤따랐다. 포로들을 강제노동에 동원했고 파업 노동자나 노동 기피자들을 사형에 처하거나 강제 노동수용소로 보냈다. 무엇보다 가장 심각한 문제는 식량이었다. 농업 집단화로 인해 식량 공급에 차질이 생기면서 1932~33년 사이에 약 700만 명이 굶어 죽는 심각한 기근이 이어졌다.

이오시프 스탈린
소련 최초의 국가
원수인 블라디미르
레닌(1870~1924)이 사망한
후 뒤를 이어 소련의 지도자가
되었다. 스탈린주의 경제
정책은 자본주의의 모든
요소를 뿌리 뽑는 것이
목표였다.

소련은 제2차 세계대전 이후 최고의 전성기를 누렸다. 1950~73년까지 1인당 GDP가 3.6퍼센트 증가하며 경제성장을 이어갔다. 그러나 이는 자본재와 원자재 투입을 늘린 결과였을 뿐, 지속가능한 성장은 아니었다. 1974~84년까지 소련 경제는 부진을 면치 못했고, 1985년부터 점차 위축되기 시작했다.

A 1988년 고르바초프의 페레스트로이카를 기념하는 우표가 발행되었다. 페레스트로이카는 정부의 투명성 제고를 추구한 글라스노스트(개방, Glasnost) 정책의 일환이었다.

B 1990년 헝가리 부다페스트에서 스탈린 동상의 잔해가 수레에 실려 나가고 있다. 소련과 동구권이 몰락한 이후 과거 공산주의 국가들은 정치적 독립을 얻었고, 자유시장 개혁을 추진하며 자본주의를 받아들이기 시작했다.

미하일 고르바초프 소련 공산당 서기장과 최초의 대통령을 지냈다. 1988년 소련을 이끌면서 일련의 경제 및 정치 개혁을 단행했지만, 이는 1991년 소련 해체의 원인이 되었다.

미국 경제학자 윌리엄 이스털리William Easterly(1957~)와 스탠리 피셔Stanley Fischer(1943~)는, 1960~89년까지 소련의 경제성과는 세계 꼴찌를 기록했고 회생 가능성도 매우 희박했다고 말한다.

소련은 경직된 관료주의, 비효율적인 금융제도, 부족한 내수시장의 삼중고에 시달렸다. 또한 이러한 어려움은 성장을 억누르고 혁신을 가로막았다. 생산량이 늘어나면 목표만 더 높아질 뿐, 개인에게는 그 어떠한 이득도 없었기 때문에 국가가 부과한 목표는 동기 부여가 되지 않았다.

뛰어난 경제성과에 대해서는 월 단위로 보너스가 지급되었는데, 이 결과 단기 성과주의가 만연했다.

소련이 혁신을 일군 분야는 군사와 항공우주 부문이었다. 그러나 두 분야 모두 경제성장에는 크게 기여하지 못했다. 결국 소련의 생산성은 서방 국가들과 동아시아 신흥국들에 크게 뒤처졌다. 게다가 아프가니스탄 개입(1979~1989)으로 국방비 부담이 과중해진 것도 경제의 발목을 잡는 요인으로 작용했다.

미하일 고르바초프 Mikhail Gorbachev(1931~)는 페레스트로이카 perestroika(개혁) 정책의 일환으로, 1985년 경제 자유화를 추진해 이러한 문제를 해결하고자 했다. 기업의 사적 소유를 장려하며 외국인 투자도 허용했지만, 이미 너무 늦었다.

국민들은 음식과 옷 같은 기본 생필품 구입조차 어려웠다. 소비에트 사회주의 공화국 연방에서 가장 크고 인구가 많은 러시아는 최저 생활수준을 유지하기 위해 수입에 의존하는 실정이었다. 1991년, 결국 소련은 무너졌다. 이후 동유럽과 중부유럽의 공산주의 국가들은 앞 다투어 자본주의를 받아들였다.

그러나 공산주의 국가들은 자본주의 국가들의 경제를 따라갈 수 없었다. 게다가 공산주의는 행복과 삶의 만족에 있어 오랫동안 국민들의 발목을 붙잡았다. 1인당 GDP가 증가했음에도, 주관적 웰빙subjective well-being은 여전히 바닥에 머물렀던 것이다.

A

주관적 웰빙 사람들이 자신의 삶의 질을 어떻게 판단하는지 나타내는 지표. 사회적, 지역적 상황도 중요하지만 대체로 건강 및 부와 상관관계가 있다.

A 평양에 우뚝 솟은 105층짜리 류경호텔. 1987년 건설하기 시작했으나, 자금 부족으로 공사가 중단된 상태다. 2017년 현재 세계 최대의 유령 건물로 남아있다.
B 대한민국의 빛 공해를 나타낸 1992년과 2008년 지도. 공산주의 국가인 북한은 대부분 지역에 큰 변화가 없으며, 이는 경제발전이 거의 이루어지지 않았음을 보여준다. 반면, 자본주의 국가인 대한민국은 서울과 인천을 비롯한 수도권 지역이 크게 발전하며 빠르게 변화했다.

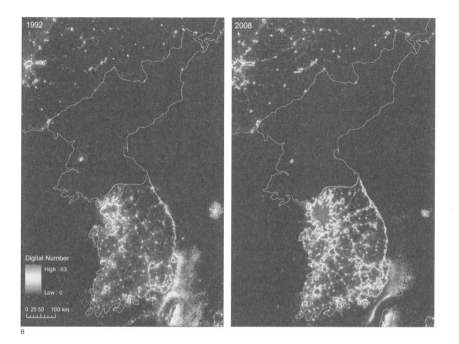

대한민국은 자본주의의 이로움과 공산주의의 해로움을 극명하게
보여주는 사례다. 제2차 세계대전 이후 이 반도 국가는 남북으로
나뉘었다. 1950년 북한이 남한을 침공하자, 미국이 중심인 유엔군이
전쟁에 개입했다. 1953년 6.25 전쟁이 끝난 뒤 남한과 북한은 완전히
다른 길을 걸었다.

남한은 세계에서 가난한 나라들 중 하나였으나, 자본주의를
받아들인 이후 삼성과 같은 거대기업을 배출하며 불과
한 세대 만에 세계 11위의 경제 대국으로 성장했다.
대한민국의 기대수명은 북한보다 10년가량 더 길며(2015년 기준
대한민국과 북한의 기대수명은 각각 82세, 70세다), 2016년 기준
대한민국의 1인당 GDP는 북한의 40배에 이른다.

공산주의를 택한 북한은 수많은 주민들이 굶주림에 시달리는
가운데 여전히 가난하고 낙후된 나라로 남아있다. 1994~98년에는
경제 위기가 닥쳐 30만 명 이상이 사망하기도 했다. 그 당시
'경애하는 지도자' 김정일 위원장(1941~2011)은 코냑 구입에만 1년에
80만 달러를 소비했다. 유엔 세계식량계획의 도움으로 기아 문제는
다소 해결되었고, 북한에 제공된 인도적 지원의 절반가량은
자본주의 국가인 대한민국과 미국이 제공했다.

1945년 이후 서로 다른 길을 걸었던 동독과 서독 또한 이처럼 상반된 모습을 보였다. 소련처럼
중앙에서 통제하는 계획경제 체제였던 동독은 1960년까지 토지의 85퍼센트가 집단화되었고,
다른 나라들의 원조에 크게 의존했다. 반면, 서독은 라인강의 기적을 일으키며 유럽 경제의 중심에
올라섰다. 서독의 '사회적 시장경제social market economy'는 가격 자유화와 세금 인하 같은 자유시장의
이상을 추구하면서, 충분한 사회보장제도와 연금을 제공해 노동자들을 보호하는 복지정책을
추진했다. 1991년 동독과 서독이 통일되었을 당시, 서독의 1인당 GDP는 동독의 2배였다.

A 1986~90년 경 동베를린에서
   정육점 밖으로 길게 늘어선
   사람들의 모습. 이 사진에서처럼,
   생필품을 사기 위한 긴 기다림은
   동독의 흔한 일상이었다.
B 장벽 건너편 서독에서는
   음식이 부족하지 않았다. 제2차
   세계대전으로 무너진 뒤 다시 세운
   유명한 크란즐러 카페(1963년
   모습)는 서베를린 주민들이 누릴
   수 있었던 풍족함과 선택의 자유를
   상징하는 장소였다.
C 상하이항은 심해항deep-water
   sea port이자 하천항river
   port이다. 2010년에 싱가포르를
   제치고, 세계에서 가장 분주한
   컨테이너항이 되었다. 2016년에는
   5억 톤 이상의 화물을 처리했다.

c

통일된 지 30년 가까이 지난 지금도 동독의 가구당 평균 순자산은 서독의 절반 수준에 못 미친다. 공산주의가 미친 장기적인 악영향은 지속되고 있다.

국제무역은 수세기 동안 세계경제의 한 축을 담당했다. 20세기에 접어들면서 큰 변화가 일어났다. 교통과 통신의 발달에 힘입어 원격지 무역이 그 어느 때보다 중요해진 것이다. 이러한 글로벌 시스템의 핵심 도구는 선박용 철제 컨테이너다. **컨테이너화**containerization가 이루어지면서, 과거에는 높은 운송비로 엄두도 못냈던 상품들을 다른 나라와 거래할 수 있게 되었다.

컨테이너화 화물을 규격화된 컨테이너에 적재하여 이를 화물운송 단위로 삼는 것을 말한다. 컨테이너는 통합 운송이 가능하다. 선박, 기차, 트럭 등 다양한 운송 수단을 이용하여 쉽게 이동시킬 수 있다. 컨테이너화가 이루어지기 전에는 상품이 '브레이크벌크 화물break bulk cargo'로 선적되어 일일이 싣고 내려야 했으며, 부둣가에서 수작업으로 분류해야 했다. 이는 많은 시간이 걸리는 힘든 과정이었다. 이러한 작업은 선박이 항구에 오래 머물러야 했기 때문에 체류 시간도 길었다. 컨테이너 수송은 1950~60년대에 중요한 운송 방식이 되었다. 1968년 이후 컨테이너선의 용량은 1,200퍼센트 증가했고, 선박이 전 세계 상품 운송의 90퍼센트를 담당하고 있다. 컨테이너화로 현대 자본주의가 꽃을 피울 수 있었다 해도 과언이 아니다.

컨테이너화는 소비자들에게 낮은 가격뿐만 아니라, 더 많은 선택의 기회를
제공하는 국제시장을 탄생시켰다. 특히 중국, 인도 등은 경제 정책을 개편하고
자유화를 추진하며 차츰 자본주의를 받아들였고, 이후 생활수준이 급격히
높아졌다. 국제적인 시장 통합은 모두에게 혜택이 돌아간다는 이점이 있다.
무역협정은 서로 다른 국가 경제가 더욱 긴밀하게 통합되는 것을 의미한다.
1993년 상품, 서비스, 사람, 돈이 자유롭게 오가는 EU 단일시장single market이
형성되었다. 1년 뒤에는 멕시코, 캐나다, 미국이 북미자유무역협정NAFTA, North
American Free Trade Agreement을 체결했고, 이후 이들 간의 교역량은 4배로
증가했다.

환태평양 12개국 사이에 무역 장벽을 낮추려는 대규모 계획인
환태평양경제동반자협정Trans-Pacific Partnership은 2016년에 마무리되었다.
세계은행이 참가국 모두에 긍정적인 효과가 있을 것이라는 의견을 제시했지만,
도널드 트럼프Donald Trump(1946~) 대통령은 보호무역 정책을 내세우며 2017년
1월 23일 미국의 탈퇴를 선언했다. 트럼프는 EU와 진행하고 있는 자유무역협정인
범대서양무역투자동반자협정 또한 중단할 것으로 전망된다.

보호무역은 위험하고 근시안적인 정책이다. 고도의 기술이 필요하지 않은 섬유 같은 분야에서는 미국 제조업을 일시적으로 부양하는 효과가 있을 수 있다. 그러나 약리학이나 IT처럼 미국이 혁신 기업들을 보유하고 앞서나가는 첨단기술 산업과 서비스 부문에서는 동아시아와 남미의 급부상하는 나라들에 대한 접근이 더욱 어려워질 수 있다.

단일시장 1993년 1월 1일 유럽 단일시장이 출범했다. 회원국인 EU, 아이슬란드, 리히텐슈타인, 노르웨이, 스위스 간의 통합 촉진을 목표로 만들어졌으며, 단일시장 내에서는 상품, 자본, 서비스, 사람이 자유롭게 이동한다.

북미자유무역협정 미국, 멕시코, 캐나다가 참여한 이 협정은 세 나라 사이의 경제 장벽을 낮추고, 무역을 활성화하기 위한 목적으로 1994년 1월 1일 체결되었다.

환태평양경제동반자협정 2008년 첫 협상이 완료되고, 2016년 오클랜드에서 최종안에 공식서명이 이루어졌다. 오스트레일리아, 브루나이, 캐나다, 칠레, 일본, 말레이시아, 멕시코, 뉴질랜드, 페루, 싱가포르, 미국, 베트남 12개국이 참여했으며, 이들 나라는 전 세계 GDP의 약 40퍼센트를 차지한다. 북미자유무역협정을 대신할 무역협정으로 포괄적 경제동반자협정에 대한 논의가 진행되고 있다. 이 새로운 협정에는 미국, 캐나다, 멕시코, 페루, 칠레가 제외되고 캄보디아, 중국, 인도, 인도네시아, 라오스, 미얀마, 필리핀, 대한민국, 태국이 포함될 예정이다.

A 지구화는 종종 미국화, 다시 말해 미국의 브랜드 및 소비재 수출과 관련되어 있다. 맥도널드, KFC와 같은 미국의 패스트푸드점은 이제 중국을 비롯한 전 세계에서 흔히 볼 수 있다.

B 2016년 칠레 산티아고에서 열린 집회에서 사회운동가들이 환태평양경제동반자협정과 몬산토Monsanto에 대한 시위를 벌이고 있다. 몬산토는 유전자 변형 농산물을 생산하는 세계 최대 기업이다.

B

A

크리스티나 페르난데스 데 키르치네르 2007~2015년까지 아르헨티나 대통령을 역임했다. 그녀의 좌익 포퓰리즘 정책은 국방과 시민권 확대를 강조했고, 경제적으로는 국내 산업을 활성화시켜 경제 발전을 촉진하고자 했다.

지구화는 흔히 자본주의 체제를 공격하는 구실로 이용된다. 서양의 반대론자들은 지구화가 일자리를 없애고, 성장을 제한한다고 말한다. 그러나 실제 상황은 그렇게 단순하지 않다. 각 지역 경제는 스스로 자신의 운명을 개척할 수 있다. 생산성과 효율성이 떨어진다면, 지구화는 경제에 도움이 되지 못할 것이고 스스로 동력을 읽을 것이다. 모든 부문에서 지구화가 이루어지는 것도 아니다. 자동화될 수 있는 분야들은 해외로 옮겨지겠지만 주택, 의료, 교육과 같은 서비스부문은 해외 이전이 불가능하기 때문에 자국에 남는다. 세계무역에서 가장 중요한 부문은 제조업이다. 제조업 안에서도 지구화는 분야마다 달리 이루어진다. 예를 들어, 나이키 제품은 대부분 아시아 공장에서 만들어지지만 디자인, 마케팅, 유통은 여전히 미국 내 각 지역에서 이루어진다.

지구화는 각 나라가 자신의 강점을 살릴 수 있게 한다. 이러한 전문화는 시장 가격을 하락시킨다. 정치 지도자들이 지구화에 반대한다면, 이에 따른 막대한 피해는 소비자들이 떠안게 된다.

2009년 아르헨티나의 **크리스티나 페르난데스 데 키르치네르**Cristina Fernandez de Kirchner(1953~) 대통령은 외국 제품에 50퍼센트의 수입 관세를 부과하고, 전자 회사들이 아르헨티나에서 제품을 조립하도록 강제하는 법안을 통과시켰다. 애플은 이를 거부하고 아르헨티나에서 철수했다. 그 결과 아르헨티나에서 아이폰의 가격이 치솟았다. 새로운 법률에 따라 생산된 블랙베리와 같은 휴대폰들은 상대적으로 비쌀 뿐 아니라, 구형 모델이었다. 게다가 이 법으로 인해 스마트폰 시장에 지하경제가 생겼다. 2016년 아르헨티나에서 판매된 120만대의 스마트폰 가운데 15퍼센트는 암시장에서 거래되었다. 2017년 아르헨티나는 애플에 대한 규제를 폐지했지만 애플은 여전히 높은 수입 관세를 물고 있으며, 아이폰은 아르헨티나에서 생산되는 모델보다 25퍼센트 더 비싸게 판매된다.

갖고 있는 물건들 중 자국에서 생산된 것만을 골라보면, 과연 몇 개나 될까?

A 1997년 노동자들이 방콕 사하 유니언 공장의 생산 라인에서 나이키 신발을 만들고 있다.

B 2015년 하노이 인근 박장 성의 한 봉제공장. 세계은행은 베트남이 환태평양경제동반자협정 회원국 가운데 GDP 성장과 수출 면에서 가장 많은 이득을 얻었다고 본다.

3. 위기에 처한 자본주의

A

은행가와 금융가는 최대한 많은 돈을 가능한
빠르게 벌려는 욕망에 사로잡혀 세계경제를
위태롭고 불안한 상황으로 몰고 갔다.

금융화는 최근 자본주의의 역사를 명백히 보여주는 증거
중 하나다. 이는 모든 것이 사고 팔 수 있는 유가증권
securities 형태의 금융 자산으로 변환될 수 있는 프로세스를
말한다. 일부에서는 금융화가 실물을 생산하는 것이
아니라, 근본적으로 돈을 굴려 돈을 벌려는 시도라고
주장한다. 장기적으로 봤을 때 경제성장에 도움이 되지
않는다. 그저 금융기관들의 배만 불릴 뿐이다.

이러한 프로세스는 1929년 월스트리트 붕괴(1장 참조) 이후 최악의 사태인
2008년 세계 금융위기global financial crisis in 2008를 일으킨 주 원인 중
하나였다. 21세기 초반 들어 오랫동안 저금리가 이어지자, 은행 대출이 급격히
늘어나면서 '신용팽창credit boom'이 발생했다. 수익에 눈먼 미국 은행들은
대출금 회수가 원활하지 못할 것을 알면서도 **서브프라임**subprime
대출자들에게 수십억 달러의 주택자금을 빌려주었다. 2006년 미국
주택담보대출의 약 20퍼센트를 서브프라임 모기지론이 담당했다.

유가증권 대략적으로 말하면, 거래할 수 있는
금융자산을 뜻한다(정확한 정의는 나라마다
다르다). 은행과 투자자들은 쉽게 현금화할 수
있기 때문에 유가증권을 선호한다. 채무증권과
지분증권 2가지 유형으로 나뉜다. 채무증권은
채권처럼 투자자에게 돈을 빌리기 위해 발행하는
유가증권이고, 발행자는 보통 이자와 함께
채무를 상환해야 한다. 지분증권은 주식처럼
소유권을 표시한 유가증권이다. 거의 모든 대상이
유가증권으로 전환될 수 있다. 1997년 데이비드
보위는 1990년 이전에 발표한 노래들에 대해
현재 및 미래 수입을 담보로 5,500만 달러의
10년짜리 채권을 발행했다.

2008년 글로벌 금융위기 수많은 금융기관을
위태롭게 만든 최악의 금융 스캔들. 각국 정부는 은행에
구제 금융을 제공했으나, 주식시장 붕괴를 막기에는
역부족이었다. 2009년부터 시장이 점차로 안정을 찾기
시작했으나, 위기의 여파는 지속되고 있다. 1930년대
이후 가장 심각했던 금융위기로 평가받는다.

서브프라임 프라임prime 아래 등급의 비우량
주택담보대출을 뜻한다. 서브프라임 모기지는 프라임
모기지에 비해 대출금리가 높다. 따라서 서브프라임
모기지 대출자는 대출금을 제때 갚지 못할 것으로
예상되어 위험도가 높다고 여겨지는 사람들을 말한다.
이들에게는 높은 이자율과 불리한 대출 조건이 적용된다.

B

A 1990년대 카리브해에서 고속
모터보트를 타고 있는 조던
벨포트Jordan Belfort(오른쪽).
'월스트리트의 늑대'로 악명 높은
증권 중개인이었던 그는 고객을
속여 수백만 달러를 벌어 들였다.
그의 파란만장한 인생은 2013년
마틴 스코시즈 감독이 영화로
제작하기도 했다.
B 1929년 주식시장 붕괴 후
뉴욕 월스트리트에 군중들이
모여들었다. 이는 12년 동안
이어진 대공황을 예고하는
사건이었다.

대출자들에 대한 정확한 정보가 없는 가운데, 서브프라임 모기지의 80퍼센트 이상이 부채담보부증권 CDO, Collaterized Debt Obligation이라는 금융자산으로 한데 묶여 거래되었다. CDO는 위험도가 높고 낮은 여러 종류의 부채를 결합한 금융상품으로, 관련 서류가 3만 페이지에 달할 정도로 매우 복잡해서 자산 실사가 거의 불가능하다. 신용평가기관rating agency들은 CDO가 매우 신뢰할 만하다고 평가하며, 최고 등급인 트리플A를 매겼다. 전 세계 투자자들은 고위험 대출이 얼마나 포함되어 있는지 모른 채 CDO 매수에 열을 올렸다. 투자자들은 신용부도스와프CDS, Credit Default Swap을 통해 부도 위험에 대비했고, CDS를 판매한 금융회사들은 신용부도가 발생해 자신들이 돈을 지불해야 하는 사태가 발생할 거라고는 전혀 생각하지 않았다.

미국 주택 시장은 탄탄한 재무상태를 자랑했기 때문에 거의 모든 사람들이 CDO를 믿을 만한 투자로 여겼다. 그렇지만 부동산에 대한 지나친 의존으로 주택 관련 비중이 GDP의 4분의 3을 차지하면서, 경제는 균형을 잃고 휘청거렸다. 미국의 많은 주택 소유자들은 이자율이 낮았기 때문에 주택을 담보로 돈을 빌렸다. 집값 상승으로 늘어난 대출은 붕괴 이전 9,750억 달러로 연간 최고치를 찍었고, 그 결과 주택 시장을 중심으로 더 많은 빚이 쌓이게 되었다.

미국의 부동산 가치가 하락하면서 부채 상환이 불가해지자, 금융 시장은 혼란에 빠졌다. 2009년에는 주택 가치보다 대출금이 더 많은 주택이 무려 1,500만 채에 달했다. 모든 것이 모래 위에 세워진 허상이며, CDO는 쓸모없는 휴지조각이라는 사실이 여실히 드러났다. 그리고 뒤이은 공황으로 베어 스턴스Bear Stearns와 리먼 브라더스Lehman Brothers, 두 곳의 주요 투자은행이 파산했다.

금융위기는 전 세계로 확산되었다. 2008년 세계 각국의 주식시장은 뉴욕 34퍼센트, 파리 43퍼센트, 상하이 65퍼센트 등 기록적인 폭락을 보였다. IMF는 2007~10년까지 금융기관들이 미국의 자산 가치를 2조 7,000억 달러 감소시켰다고 발표했다. 게다가 경제에 대한 신뢰가 무너져 어느 누구도 성장에 필요한 돈을 빌려주려 하지 않았다. 실직도 이어져 전 세계적으로 일자리를 잃은 사람이 무려 2억 4,000만 명에 달했다. 수많은 사람들이 집을 압류당하거나 저축을 송두리째 날렸다 (영국에서는 금융위기로 예금 50억 파운드가 빠져나갔다). 이후 일본, 미국, 영국에서는 실질임금이 떨어지거나 정체되었다. 그러나 부자들에게 이러한 위기는 강 건너 불구경이나 다름없었다.

B

대부분의 금융기관들은 2008년 위기를 블랙 스완black swan으로 여겼다. 사실, 이 위기는 금융 산업이 발전한 현대에 피할 수 없는 결과였다. 오늘날의 금융 관행은 위기 발생 가능성을 높이는 동시에 피해를 더욱 악화시키고 있었다.

> 금융위기는 경제에서 위험하리만큼 익숙한 현상이다. 1637년 튤립 파동Tulip mania부터 1719~20년 남해 버블 South Sea bubble까지, 금융위기는 자본주의 초창기부터 거듭된 현상이었다. 이는 은행과 정부의 어리석은 행동 때문이었다.

1970~2007년까지 101개 나라에서 124건의 대규모 은행위기가 일어났고, 19개 나라에서는 그러한 상황이 이미 여러 차례 되풀이되고 있었다. 4번의 위기를 겪은 아르헨티나처럼 금융위기가 고질적인 문제로 자리 잡은 나라들도 있었다. 우리는 어떻게 이러한 상황에 이르게 되었을까? 2008년 금융위기는 은행산업의 무모함을 적나라하게 보여준 사건이었다. 1980년대부터 일련의 신자유주의 개혁이 이루어지면서, 세계적으로 은행에 대한 규제가 완화되었다. 그 결과 은행들은 점점 더 위험한 돈벌이에 뛰어들었고, 특히 미국에서 가장 활발히 진행되었다.

A

A 얀 브뢰헬 2세의 〈튤립 파동 풍자Satire on Tulip Mania〉는 판매상과 고객을 사람 옷을 입은 어리석은 원숭이로 표현하여 튤립 투기를 풍자한 작품이다.
B 아르헨티나는 1998~2002년까지 경기 침체에 빠졌다. 2001년 12월 시민들은 계속되는 금융위기를 해결하지 못한 데 대해 정부에 항의하며 시위와 폭동을 일으켰다.

B

1970년대까지만 해도 미국의 은행업은 규제가 매우 엄격했다. 1933년 제정된 글래스 스티걸법Glass-Steagall Act은 상업은행과 투자은행의 업무를 분리하도록 규정한, 당시 가장 중요한 법률이었다. 이에 따라 예금 업무는 상업은행만, 증권 업무는 투자은행만 처리할 수 있었다. 은행이 고객의 예금으로 주식 투자를 할 수 없었기 때문에 예금자들은 자신의 예금을 보호받을 수 있었다. 1999년 제정된 그램 리치 블라일리법 Gramm-Leach-Bliley Act은 이러한 경계를 허물고 상업은행과 투자은행, 보험업을 모두 통합해 금융지주회사를 설립할 수 있도록 허용했다. 이 법이 통과되자 상업은행들이 투자은행을 인수하면서, 금융가에 인수 합병 바람이 거세게 불었다. 2010년에는 체이스맨해튼Chase Manhattan과 JP 모건JP Morgan 이 합병했고, 모건 스탠리Morgan Stanley와 골드만삭스Goldman Sachs 같은 투자은행들은 상업은행 업무를 새롭게 시작했다. 어떠한 규제나 관리, 감독도 없었다.

튤립 파동 튤립은 16세기 후반 아시아에서 서유럽으로 전파되었다. 특히 네덜란드 공화국에서 인기를 모으며 가격이 천정부지로 솟구쳤다. 투자자들은 선물 거래를 했는데(튤립 구근을 미래 특정 시점에 특정 가격으로 매입할 수 있는 권리를 부여하는 계약) 하루에 10번씩 주인이 바뀌기도 했다. 1637년 2월에 갑자기 수요가 무너지면서 버블이 터지고 말았다.

남해 버블 남해회사South Sea Company는 1711년 런던에서 설립되어 남아메리카 무역을 독점했다. 그렇지만 스페인이 남아메리카를 지배했기 때문에 활발히 사업을 추진할 수 없었다. 1720년 1월 남해회사의 주가를 올리기 위해 경영진은 이익이 상승하고 있다는 소문을 퍼트렸고, 이는 투기 광풍을 일으켰다. 형편없는 실적에도 불구하고 주가는 6개월 만에 128파운드에서 1,050파운드로 치솟았다. 이후 주가가 지나치게 부풀려졌다는 사실이 알려지면서 사람들은 앞다투어 주식을 내놓았고 9월에는 175파운드까지 떨어졌다. 위대한 과학자인 아이작 뉴턴도 쉽고 빠른 돈벌이의 유혹을 이길 수 없었다. 뉴턴은 버블이 무너지면서 2만 파운드(현재가치 약 300만 파운드)를 날렸다.

블랙 스완 예측이 불가능하고 통계적으로 발생 가능성이 거의 없다고 여겨지는 사건. 이 용어는 서양에서 검은색 백조가 존재하지 않는다는 가정에서 출발했다. 그렇지만 유럽인들이 오스트레일리아에서 검은색 백조를 발견하면서, 가정이 틀린 것으로 밝혀졌다. 이 이론은 투자 전문가로 활동했던 나심 니콜라스 탈레브(1960~) 금융공학 교수가 주창했다.

규제가 완화되자 은행가들은 투자자의 안전보다 이익을 앞세웠고, 결과는 참담했다.

A

섬나라 아이슬란드(인구 약 33만 4,000명)는 규제 완화의 위험을 여실히 보여주는 사례다. 2001년 금융 규제가 풀리자 아이슬란드 은행들은 네덜란드와 영국을 중심으로 예금자들에게 높은 이자를 제공하며, 세계 시장을 상대로 공격적인 사업을 펼쳤다. 은행들의 해외 부채 규모는 약 1,120억 달러로, 아이슬란드 GDP의 7배에 달했다. 2008년 금융위기가 터지자 아이슬란드 은행에 대한 신뢰는 무너졌고, 글리트니, 카우프싱, 란즈방키 3대 대형 은행은 곧 법정관리에 들어갔다. 은행의 붕괴는 아이슬란드를 혼란에 빠뜨렸다. 주식시장은 90퍼센트 폭락했고 실업률은 3배 가까이 치솟았다. 아이슬란드는 30년 만에 처음으로 IMF에 구제 금융을 신청한 선진국이 되었고, 2011년이 되어서야 간신히 성장세를 회복했다.

A 1940년대, 1970년대, 2011년의 뉴욕증권거래소 객장의 변화를 보여준다. 전산화가 점차 확대되면서 거의 실시간으로 거래가 이루어진다.

B 2009년 아이슬란드의 수도 레이캬비크에서 시위대가 금융위기 대응에 항의하며 게이르 하르데Geir Haarde 총리 인형을 불태우고 있다.

단기 실적주의는 현대 은행업이 가진 고질병이다. 대부분의
금융기관은 상장기업이기 때문에 예금자보다 주주에 대한
책임을 더 중시한다. 은행들은 **주주가치**shareholder value
실현을 위해 장기적으로 봤을 때 안정성을 위협하는
일들을 서슴지 않는다. 보너스는 은행 직원들이 자신의
수입을 극대화하기 위해 더 큰 위험을 감수하도록
부추긴다. 그러한 개인의 위험 감수는, 결국 은행의
막대한 손실로 이어지곤 한다.

주주가치 주식시장에서의 성과(주당
가치와 배당금)가 기업의 성공을 평가하는
가장 좋은 방법이라는 의미가 담겨있다.

A

역사상 가장 큰 투자 손실은 2007~08년에 일어났다. 호위 허블러Howie Hubler라는 미국의 채권 트레이더가 CDO와 CDS에 투자했다가 모건 스탠리에 90억 달러의 손실을 입힌 사건이었다. 은행가들은 보통 안전을 추구하기보다, 더 큰 위험을 감수하고 이윤을 추구한다. 참고 기다리는 것을 용납하지 않는 거대한 압력이 그들을 짓누르기 때문이다. 기술은 주식 거래를 더 쉽고 빠르게 만들었지만, 금융 산업의 위험도 높였다. '팻 핑거 오류fat-finger error'는 트레이더가 주문을 입력할 때 자판을 잘못 눌러 생기는 일로, 금융권에서 종종 발생되는 실수다.

2001년 런던에서 리먼 브라더스의 한 트레이더가 매도 주문을 100배나 크게 입력했다가 FTSE에서 300억 파운드를 날리는 사건이 있었다. 같은 해, 도쿄에서 UBS의 한 트레이더는 42만 엔에 매도해야 할 주식 61만 주를 16엔에 매도했다. 전산화는 이 같은 주문 실수를 취소하기 매우 어렵게 만들었다. 최근 은행들은 초단타매매high-frequency trading를 신뢰하며 거래를 점차 자동화했고, 그에 따라 유가증권의 가격이 단기에 급락해 수십억 달러가 한 순간에 사라지는 '플래시 크래시flash crash'의 가능성이 높아졌다. 한 예로, 2010년 5월 6일 미국 증시는 20분 만에 5퍼센트가 하락했다.

FTSE FTSE 지수(Financial Times Stock Exchange Index)는 런던 증권거래소 상위 100개 기업의 시가총액을 측정한다. 1983년 12월 31일을 기준 지수 1,000으로 잡아 1984년부터 발표하기 시작했다. 최고치는 2017년 5월 17일에 기록한 7,460이다.

초단타매매 시세 변동에 따라 즉각적인 수익을 얻기 위해 알고리즘을 비롯한 여러 기법으로 주식을 신속하게 사고파는 거래방식이다. 2010년 스프레드 네트워크Spread Networks는 시카고와 뉴욕을 잇는 광섬유 케이블을 새롭게 선보였는데, 1,000분의 3초를 줄이기 위해 3억 달러를 들일 만큼 시간 단축이 매우 중요하다.

2008년 이후 각국 정부는 은행을 처벌하거나 근본적인 개혁을
요구하는 대신 은행 구체에 매달렸다. 은행들은 구제 금융을
지원받았고, 부채가 탕감되거나 정부에 인수되었다. 2010년 미국
정부는 부실자산 구제프로그램Troubled Asset Relief Program에 따라
은행 안정화를 위해 7,000억 달러를 투입하는 데 승인했다. 영국은
5,000만 파운드를 들여 은행 주식을 매입했다. 1472년에 설립한
세계에서 가장 오래된 은행인 이탈리아의 방카 몬테 데이 파스키 디
시에나Banca Monte dei Paschi di Siena도 위험한 금융 상품에
투자했다가 막대한 손실을 입었다. 그 결과, 2016년 이탈리아 정부는
은행 구제를 위해 40억 유로를 쏟아 부어야 했다.

A 2011년 사회적, 경제적 불평등에 저항한
   '점령 시위Occupy Movement'의
   포스터. 2008년 셰퍼드 페어리가 만든
   버락 오바마의 '희망' 포스터를 각색했다.
B 나단 만드레자가 디자인한 '봉기하라
   Rise Up' 포스터. 2011년 월스트리트 점령
   시위를 전 세계에 알리는 데 기여했다.

C 랄로 알카라즈의 '독점의 탑Monopoly Tower'은 '우리는
   99퍼센트다We are the 99%'라는 월스트리트 점령 운동의
   슬로건을 내세웠다. 이 포스터는 상위 1퍼센트에 부와 권력이
   집중되어 지위와 소득에 막대한 차이가 발생한 현실에 대해
   관심을 불러일으켰다.
D 2011년 잔느 베르뒤가 디자인한 '월스트리트를
   점령하라Occupy Wall Street' 포스터. 월스트리트 점령
   시위는 곧이어 전 세계 금융가로 확산되었다.

은행가들은 위기가 발생하면 정부가 구제해줄 것이며, 엄한 처벌을 받을 가능성이 낮다는 사실을 알고 있기 때문에 거리낌 없이 위험한 행위를 저지른다. 2008년 금융위기에 대한 책임을 물어 실형을 받은 은행가는 단 한 명뿐이었다. 2013년에 크레디트 스위스Credit Suisse의 카림 세라겔딘Kareem Serageldin이 사기죄로 30개월형을 선고받은 것이 전부다. 벌금은 보통 세금공제가 가능하고, 은행가 개인이 아닌 회사에 부과된다.

에마뉘엘 마크롱 프랑스 경제산업부 장관을 역임하고 대통령에 당선되었다. 사회당 소속이었던 그는 앙마르슈 En Marche라는 중도 정당을 창당하고 극우 정당인 국민전선의 마린 르 펜Marine Le Pen과 경합을 벌였다.

존 키 중도좌파 성향의 국민당 소속으로 2008~16년까지 뉴질랜드 총리를 역임했다.

문제는 대형 은행들이 정부 고위층과 깊숙한 관계가 있다는 점이다. 금융부문은 유리한 조치를 이끌어내기 위해 정부에 적극적으로 로비를 펼친다. 2015~16년, 미국의 선거기간 동안 로비에 사용된 자금은 28억 달러였다. 정계를 떠난 정치인들이 하나같이 높은 보수를 받으며 금융권에 한 자리 차지하는 것은 결코 우연이 아니다. 2017년 조지 오스본 전 영국 재무장관은 4조 파운드 이상의 펀드를 운영하는 세계 최대 투자회사 블랙록의 '고문'이 되었다. 반대로 은행가들은 고위 정치인으로 변신하는 경우가 많다. **에마뉘엘 마크롱** Emmanuel Macron(1977~) 프랑스 대통령은 로스차일드 그룹 프랑스 지사에서 투자 은행가로 일했고, **존 키**John Key(1961~) 전 뉴질랜드 총리는 메릴린치Merrill Lynch에서 6년 동안 국제 외환업무를 담당했다.

교훈은 없었다. 2008년 글로벌 금융위기에도,
은행들은 기록적인 속도로 돈을 빌려주었다.
그 액수는 2008년 이후 60조 달러를 넘어섰고,
급기야 전 세계적으로 부채가 GDP의 3배에
달했다. 전 세계가 2008년 금융위기를 극복하기
위해 애쓰는 와중에, 또 다른 위기의 씨앗이
싹트고 있었다.

정부는 2008년 금융위기로 치러야 하는 비용을
혹독한 내핍정책austerity policy으로 사회에 전가했다.
그동안, 이 위기의 원인제공자들은 여전히 안전하게
자신들의 부를 유지했다. 자본주의는 경쟁체제다.
근본적으로 늘 승자(부유한 사람들)와
패자(가난한 사람들)가 있게 마련이다.

A 2017년 6월 21일 런던 그렌펠 타워
   화재에 대한 정부 대처에 항의하며
   시위대가 모였다. 이 화재로
   최소한 71명이 사망했다.
B 그렌펠 타워는 런던에서 가장
   부유한 지역에 있던 저소득층이
   사는 공공주택 아파트였다. 이
   참사는 내핍정책이 노동자 계층에
   어떤 피해를 주었는지 보여주는,
   상징적인 사건이 되었다.

B

자본주의를 지지하는 사람들은 경제적 지위 상승이
가능하다고 주장한다. 불평등은 부유해지기 위해
더 열심히 일하도록 사람들을 자극한다.

신자유주의 정책은 1980년대 이후 대부분의 나라에서 소득 불평등을 심화시켰다.
자본주의는 모두에게 부를 가져다주기는커녕 부유층과 빈곤층 간의 사회적
분열을 가중시켰다. 1965년에는 미국 최고경영자들의 평균 소득이 생산직
근로자들보다 24배 많았다. 현재 그 차이는 무려 200배에 달한다.

내핍정책 정부가 빠르게 적자를 줄이기
위해 지출이 수입을 넘지 않도록 제한하는
것을 뜻한다. 공공지출을 삭감하고 세금을
높이는 방안이 이용된다. 2008년 유럽의
많은 나라들이 이러한 정책을 채택했다.

토마 피케티 프랑스 사회과학고등연구원
교수로, 부의 불평등에 대해 연구한다.
그는 선진국의 경제성장률이
투하자본수익률(Return On Invested
Capital, *생산 및 영업활동에 투자한
자본으로 어느 정도 이익을 거두었는지를
나타내는 지표)보다 낮기 때문에 이러한
불평등이 갈수록 심화될 것이라고
주장한다.

프랑스 경제학자 **토마 피케티**Thomas Piketty(1971~)
는 《21세기 자본》(2013)에서 경제 불평등이
점점 증가하고 있으며, 정부가 강제로 소득을
재분배하지 않는 한 불평등은 끝나지 않을 것이라고
주장했다. 중국, 인도, 남아프리카 공화국과 같은
개발도상국에서도 부유한 사람들이 점점 더
많은 돈을 벌고 있다.

100만 달러 이상 소유한 사람들은 전 세계 인구의 0.334퍼센트에 불과하다. 그들이 전 세계 부의 33.2퍼센트를 쥐고 있다.

19세기부터 모습을 드러내기 시작한 경제 불평등은 이제 걷잡을 수 없는 수준에 이르렀다. 미국에서는 상위 0.1퍼센트의 부가 하위 90퍼센트의 재산을 모두 합친 것과 맞먹는 수준이며, 이러한 추세는 서양 여러 나라에서도 마찬가지다. 이와 같은 막대한 부는 2008년 금융위기의 영향권에서 기득권층을 더욱 멀리 떨어뜨려 놓았다.

특히 청년층은 그동안 경제성장에서 소외되어 왔으며, 사상 처음으로 부모 세대만큼 부를 누리지 못할 것으로 전망된다.

C

최근 몇 년 사이, 유럽에서 청년 실업률이 크게 치솟았다. 유로존 회원국들은 자국의 통화 가치를 낮추면서 수출을 촉진할 수는 없었기 때문에 경제 통합은 실업 해소에 도움이 되지 못했다. 그 결과 2017년 그리스와 스페인의 청년 실업률은 각각 48퍼센트, 40.5퍼센트에 이르렀다. 프랑스에서는 취업을 원하는 25세 미만 청년들 가운데 4분의 1이 일자리를 구하지 못하고 있다. 이는 국민전선 같은 극우 정당에 대한 지지율을 급격히 끌어올리는 결과로 이어졌다(국민전선은 2017년 프랑스 대선 1차 투표에서 21.3퍼센트, 결선 투표에서 33퍼센트를 얻었다).

A 프랑스 《마리안느》지는 2015년 7월호 표지에서 앙겔라 메르켈(1953~) 독일 총리를 풍자했다. 메르켈 총리는 그리스 정부의 부채 위기에 냉혹한 대응으로 비난받았다.

B 독일 《슈피겔》지는 2015년 3월호 표지에 그리스를 배경으로 메르켈 총리와 나치 장교들을 나란히 놓으며 다음과 같은 표제를 실었다. '유럽인들이 독일을 어떻게 보겠는가: 독일의 우월성'.

C 아테네에 있는 그리스 은행에 '도둑들이 여기 있다'는 낙서가 적혀있다. 2010년 5월 20일, 2만 5,000명의 시민들이 막대한 국가 부채로 인한 재정 삭감에 항의하며 아테네를 행진했다.

독일의 경제학자 마커스 브루크너Markus Bruckner(1983~)와 한스 피터 그루너Hans Peter Gruner(1966)의 연구에 따르면, 불평등 수준이 높은 나라에서는 성장률 감소가 우파(또는 국수주의) 정당 및 정책에 대한 지지율 상승과 관련 있는 것으로 나타났다. 이는 사람들이 암울한 미래에 대해 극단적인 해법을 찾기 때문이다.

소수의 상류층은 누구보다 높은 소득을 누리고 있으며, 정부의 과세를 피할 수 있게 돕는 변호사와 회계사 팀을 고용할 재원이 있다. 또한 부유층 감세와 같이 자신들에게 유리한 정책을 통과시키도록 정부에 로비를 펼칠 수도 있다. 2010년 미국 대법원은 시민연합이 연방선거관리위원회를 상대로 제기한 소송에서, 선거자금 기부가 표현의 자유의 한 형태이며 헌법에 의해 보호된다고 판결했다. 캐나다 작가 나오미 클레인 Naomi Klein(1970~)은 지난 40년 동안 기업들이 상류층에 유리한 정책을 통과시키고, 시민의 자유 및 인권 침해에 대한 책임을 모면하기 위해 2003년 이라크 침공과 같은 위기를 이용했다고 주장한다.

세율 하락과 분식회계는 부유층이 더 많은 소득을 올리게 한다.

나오미 클레인 캐나다 출신 작가이자 운동가. 지구화와 자본주의에 반대하는 주요 비평가 중 한 사람이다.

A 러시아의 부호 로만 아브라모비치가 소유한 초호화 요트 이클립스. 무려 5억 달러에 달한다. 각각 2곳의 헬리콥터 이착륙장과 수영장 그리고 미사일 탐지 시스템을 갖추고 있다.

B 2016년 파리에서 우버Uber 반대 시위가 일어났다. 승차 공유 서비스를 비판하는 사람들은 우버가 안전과 면허법을 무시하고, 고객의 사생활을 침해하며, 세금을 회피한다고 주장한다.

C 2013년 설립된 온라인 음식 주문 서비스 딜리버루Deliveroo의 배달원들은 대부분 자영업자다. 이들은 필요에 따라 단기로 사람을 고용하는 '긱 경제gig economy'의 한 모습이다.

B

C

이러한 부는 부유층의 자원에 비해 터무니없이 적은
임금으로 생활하는 극빈층에게로 결코 '흘러내려 가지'
않는다. 오히려 사회에서 가장 많은 특권을 누리는
사람들에게만 집중된다.

자유시장경제는 '창조적 파괴'를 통해 수익과 생산성을
극대화하고자 노력한다. 낮은 기술과 산업은 발전을 위해서라면
사람들의 생계유지 기반을 순식간에 날려버린다. 실제로
자동화가 이루어지면서 수백만 명의 실업자가 생겨날 조짐이
보이고 있다. 2013년의 한 연구에 따르면 미국 노동자 가운데
43퍼센트가 자동화 위험이 높은, 다시 말해 실직 위험이 높은
직종에 몸담고 있는 것으로 밝혀졌다. 더 위험한 문제는 이들
대다수가 만족스럽지도, 안정적이지도 않은 서비스부문의 시간제
일자리나 저임금 일자리로 떠밀릴 것이라는 점이다. 게다가
지구화된 경제 구조에서 글로벌 기업들은 할 수만 있다면, 저임금
또는 저비용 국가로 언제든지 공장을 옮기려 한다.

A

이를 통해 이익을 얻는 것은 소수 엘리트 계층뿐이다. 서양 여러 나라들의 경우 탄광,
조선, 섬유 등 특정 산업에 특화된 지역들은 그 산업이 빠져나가면서 큰 타격을 입었다.
신자유주의의 물결이 전 세계를 덮치면서 많은 산업부문에서 민영화가 이루어졌다.
일반적으로 이는 가격 상승과 정리 해고로 이어지는 돌이킬 수 없는 과정이다. 한때 사람에
대한 책임을 중시했던 회사들은, 이제 주주에 대한 책임을 강조하며 수익을 쫓아 움직인다.
과거 노동자들의 목소리를 대변하던 노동조합은 존재감을 점점 잃었다. 미국에서 노동조합에
가입한 노동자는 11퍼센트에 불과하다. 영국의 노동조합 가입자 수는 1979년에 130만 명으로
최고치를 찍은 이후 점차 줄어들어 2016년에는 6만 2,000명으로 절반으로 줄었다. 한때
노동조합의 중심지였던 독일과 영국에서도 이러한 경향은 마찬가지다. 강력한 노동조합은
노동자들에게 이익이 되는 원칙과 규제들을 지지하는 목소리를 낸다.

노동자들의 연대는 사회의 여러 불평등
문제들을 극복할 수 있을 것이다. 예를
들어, 미국에서 조합에 가입한 흑인
노동자들은 가입하지 않은 이들보다
3분의 1가량 높은 보수를 받는다.

B

A/B 2017년 2월 27일 독일 뒤셀도르프에서 열린
　　로즈 먼데이 퍼레이드에 테레사 메이Theresa
　　May(1956~) 영국 총리와 도널드 트럼프 미국
　　대통령의 모형이 등장했다. 브렉시트와 트럼프
　　당선은 점점 거세지는 국수주의 포퓰리즘에
　　저항하는 풍자의 소재로 널리 이용되었다.

전통적으로 중요했던 경제 주체성과 고용 안정이
헌신짝처럼 버려지는 사회 분위기에서, 많은 사람들이
'발전'에서 소외되었다고 느끼는 것은 그리 놀라운
일이 아니다. 2016년 도널드 트럼프는 미국 대통령에
당선되었고, 영국은 유럽연합을 떠나기로 결정했다.
두 사건 모두 21세기에 생겨난 불평등한 자본주의
체제에 대한 반발이 어느 정도 반영된 결과다.

국가의 자주권은 경제적 이익에 자리를 양보하며 점차로 약화되고 있다.

자본주의는 국가 안에서 불평등을 만들어 낸 것과
마찬가지로, 세계적인 불평등도 심화시켰다. IMF를 비롯한
국제기관들은 신자유주의 모델을 신봉하며 규제를 완화한다.
또한 수입관세를 낮춤으로써 자유 무역 정책을 추진하도록
강요한다. 그리고 실제로 그러한 조치들이 차관 계약의
일부로 포함된다.

1980~90년대에 시장을 개방한 개발도상국들은 보호무역
정책이 추진되던 1960~70년대에 비해 경제성장이 눈에 띄게
둔화되었다. 선진국에서 쏟아져 들어온 수입품이 국내 생산에
악영향을 미치고 지속적인 경제성장을 방해했던 것이다.
그 과정에서 부유해진 쪽은 IMF에 가장 큰 영향력을
발휘하는 선진국들이었다.

A

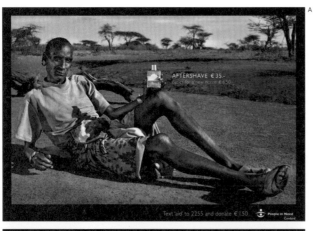

A 세계 최대 국제개발기구 중
하나인 코르다이드Cordaid가
만든 광고. 서양에서 사치품에
쓰는 돈으로 지구 반대편 다른
나라에서 생필품을 얼마나 살
수 있는지 보여주며, 국가 간
극심한 불평등을 드러냈다.
B 2009년 10월 몰디브 정부는
몰디브의 존립을 위협하는
지구 온난화와 해수면 상승에
대해 경각심을 불어넣기 위해
바다 속에서 각료회의를
열었다. 몰디브는 세계에서
해발고도가 가장 낮은 나라로,
기후변화가 지속될 경우
지구상에서 사라질 수도 있다.

장하준 캠브리지대학교
교수. 그는 《그들이 말하지
않는 23가지》(2010)에서
밝힌 의견을 토대로
끊임없이 주류 경제학에
이의를 제기한다.

B

서양 선진국들은 자유시장이 가난한 나라들을 부유하게 만들지 않는다는 것을 인정해야 한다.

대한민국 경제학자 장하준(1963~)은 주요 선진국이 자신들의 경제력을 키우는 동안 보호무역주의로 강력히 무장했다는 사실을 밝혔다. 실제로 영국은 1920~50년대까지, 미국은 1830~1940년대까지 보호무역 정책을 시행했다. 지구화를 지지하는 사람들은 1980~2009년 사이에 후진국들의 1인당 소득이 2.6퍼센트 늘어났다고 반론을 제기할 것이다. 그렇지만 신자유주의적 자본주의를 완전히 받아들이지 않았던 인도와 중국을 제외하면, 상황은 그다지 낙관적이지 않다. 1인당 소득은 라틴 아메리카에서 1.1퍼센트, 사하라 이남 아프리카에서 0.2퍼센트 늘어나는 데 그쳤다.

A

부유한 나라와 가난한 나라 사이의 불평등은
점점 심해지고 있다. 1960~2016년까지 그 격차는
3배 가까이 벌어졌다. 자본주의는 전 세계 모든
지역을 공평하게 부유하게 만들지 않았다.
선진국과 후진국의 간격은 좁혀지지 않았고,
오히려 그 격차가 더욱 벌어지는 것이 현실이다.

그러나 자본주의가 일으킨 최악의 피해는 아직 드러나지 않았다. 지구
온난화는 가속화되고 있으며, 이로 인해 해수면이 높아져 몰디브와
투발루 같은 섬나라들이 바다 밑으로 가라앉고, 해안가에 근접한 많은
지역들이 위험에 처할 것이다. 기온 상승으로 농업 생산성이 낮아져
식량 가격이 오를 것이다. 가장 큰 원인은 산업혁명 이후 두드러지게
사용량이 늘어난 화석 연료에서 배출되는 이산화탄소다. 배기가스는
2000년대 들어 증가폭이 다소 줄어들었으나(연평균 증가율 3.5퍼센트),
지난 3년 동안 한해 평균 약 0.3퍼센트 늘었다.

세계기상기구는 2011~15년이 기록상 가장 더웠던 것으로 발표했다. 2050년이 되면 1800년 이전보다 기온이 2.0~3.6도가량 높아질 것으로 예측된다. 석유, 가스, 석탄에 의존하는 것이 장기적으로 얼마나 위험한지 알면서도, 거대 기업들은 여전히 화석 연료에 기대고 있다. 에너지 기업들은 규제 당국에 막대한 영향력을 행사하며, 지구와 인간에 해로운 활동들을 멈추지 않는다. 그들은 정치적 영향력을 행사해 1년에 1조 파운드에 달하는 보조금을 정부로부터 받아낸다. 더욱 심각한 문제는 산소를 공급해주는 숲이 소 방목장에 자리를 내주고 계속해서 사라지고 있다는 점이다. 세계 야생동물 보호협회에 따르면, 1분마다 축구장 48개 면적에 해당하는 숲이 없어지고 있다고 한다.

자본주의 체제는 단기 수익을 얻는 데에만 몰두하며, 지구의 미래를 위태롭게 만든다.

A   2010년 7월 6일, 인도네시아 최대 팜유 회사인 시나르 마스Sinar Mas의 소유지(보르네오섬 칼리마탄 지역 서쪽의 카푸아스 훌루)를 촬영한 항공사진. 그린피스는 보고서를 통해 이 회사가 수백만 헥타르의 열대우림을 파괴하고, 멸종 위기에 처한 동물들을 죽음으로 내몰았다고 비난했다.
B   발전의 대가인가? 중국의 도시화와 산업화는 환경을 희생시켜 얻은 결과다. 사진은 2015년 12월 1일 스모그가 자욱한 베이징 올림픽공원이다.

B

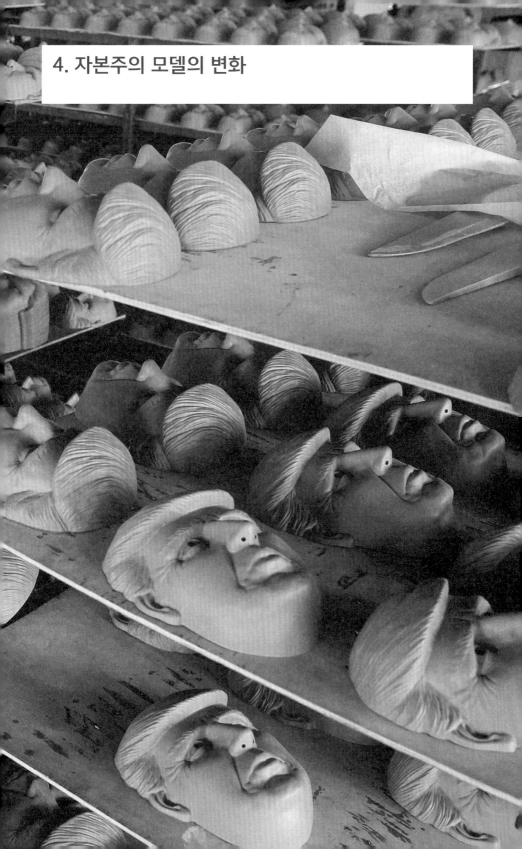

A

사회, 경제, 정치, 환경 등 다양한 문제들이
우리 앞을 가로막고 있는 지금, 자본주의가
나아갈 새로운 방향을 모색하는 일은 미룰 수
없는 중요한 과제다.

전통 자본주의 모델을 대신할 수 있는 여러 가지 방법이 있다.
신자유주의적 자본주의를 지지하는 사람들은 정부가 자유시장에
개입하지 않고, 그대로 놔둬야 한다고 주장한다. 그러나 최근 수십 년
간 이어진 중국의 놀라운 변화는 정부의 개입 속에서도 경제성장이
이루어질 수 있음을 증명한다.

덩샤오핑 문화대혁명을 이끌었던
마오쩌둥Mao Zedong(1893~1976)의
후계자로, 화궈펑 Hua
Guofeng(1921~2008)을 제치고 1978년
중국의 최고지도자가 되었다. 그는
사회주의에 시장 자본주의를 결합한

'중국식 사회주의'라는 새로운 이념을
제시했다. 1989년 톈안문 사태로 중국공산당
중앙군사위원회 주석에서 물러났고, 1992년에
공식적으로 정계에서 은퇴했다. 그의
뒤를 이은 장쩌민Jiang Zemin(1926~)은
덩샤오핑의 정책을 많은 부분 계승했다.

물론, 중국 정부는 소련과는 다른 방식으로 계획경제를 관리했다. 덩샤오핑Deng Xiaoping(1904~1997)은 중국 상황에 맞춰 공산주의를 변화시켰고, '일국양제one country, two systems' 정책을 추진하며, 사회주의 국가 안에 홍콩과 마카오 같은 자본주의 지역을 인정했다.

중화인민공화국이라는 이름 아래 1982년 민간 기업이 허용되었고, 무역 자유화가 이루어졌으며, 외국인 투자도 가능해졌다. 중국 정부는 경제 전반을 직접 통제하려 들지 않았다. 그러나 여전히 다른 나라들에 비하면 경제는 정부에 속해 있었다. 중국 정부는 지속적인 국가 성장을 위해 경제 목표를 수립하고 규제를 마련했다. 광산부터 은행, 항공사에 이르기까지 여러 대기업들이 국영화되어 국가의 이익을 위해 운영되었다. 포춘의 2016년 글로벌 500대 기업에서 상위 5개 기업 중 전력회사인 국가전력망공사 State Grid Corporation of China, 정유회사인 차이나내셔널 페트롤리엄 China national Petroleum과 시노펙 그룹Sinopec Group이 중국 국영기업이었다. 이들 3개사의 매출은 9,232억 달러였다.

중국 경제는 지난 30년 동안 평균 10퍼센트 이상의 성장률을 기록했다. 이는 자본주의를 맹목적으로 따라야만 경제 발전이 이루어지는 것은 아니라는 사실을 보여준다.

A 1983년 중국의 풍경. 벽에 붙은 포스터는 마오쩌둥 시대 이후 활발한 소비시장과 한자녀가정으로 대변되는 중국의 원대한 약속을 보여준다.
B 1980년대 중국의 선전 포스터. '사회주의 현대화 건설의 위대한 새 국면을 열다'라고 적혀 있다.
C 1997년 '홍콩 반환을 열렬히 환영합니다'라고 적힌 포스터. 영국에서 중국으로 통치권이 반환된 이후의 홍콩 국기를 남자 아이가 들고 있다.

자본주의의 대안적 접근법으로 논의되는 '경제적 민주주의'는
자본주의의 강점을 지키면서 부작용을 효과적으로 통제하는
것을 목표로 한다. 이 접근법의 핵심 요소는 일터에
민주주의를 확대하는 것이다. 시스템에서는 경영진이 주주에
대한 책임이 아니라 직원에 대한 책임을 진다. 또한, 직원들도
수익을 나눠 갖는다. 근로자들이 경영진을 선출하기 때문에
생산성 향상에 걸맞은 보상이 이루어져, 유효수요effective
demand가 부족해질 위험이 없다.

경제적 민주주의의 주요 지지자들 중 한 명인
데이비드 슈바이카르트David Schweickart(1942~)
는 공장을 비롯해 수익을 발생시키는 모든 재산에
대해 일률 과세가 이루어져야 한다고 주장한다.
그렇게 되면, 납부된 세금이 투명하고 균형 있게
경제에 재투자되어 '경제 민주화democratization
of the economy'를 가져온다는 것이다.

A 1987년 상하이의 인구는 약
1,100만 명이었다. 상하이는
중국의 경제 중심지이지만,
이때까지만 해도 글로벌 금융의
중심지는 아니었다.

B 1993년 중국 정부는 상하이에
외국인 투자를 허용했다.
상하이의 인구는 2,300만
명으로 폭발적으로 증가했고,
새롭게 우뚝 솟은 스카이라인은
커가는 중국의 경제력을
상징했다.

B

유효수요 소비자들이 자신의 소득을 바탕으로 구입하고자 하는 상품과 서비스의 양을 말한다. 생산성이 임금보다 빠른 속도로 증가하면, 유효수요가 줄어든다.

데이비드 슈바이카르트 미국의 철학자이자 수학자로, 경제적 민주주의를 지지하는 주요 인물 중 하나다.

조셉 스티글리츠 미국의 경제학자이자 콜롬비아대학교 교수다. 1995~97년까지 미국 대통령 경제자문위원회 위원장을 맡았고, 1997~2000년까지 세계은행 부총재를 역임했다. 그는 자유방임주의 경제와 지구화 프로세스를 반대하는 가장 영향력 있는 비평가들 중 한 사람이다.

2008년 금융위기의 주요 원인 중 하나는 금융부문의 무책임이었다. 자본주의 모델을 어떻게 수정하든 간에, 금융 개혁은 반드시 포함되어야 할 요소다. 미국의 경제학자 **조셉 스티글리츠**Joseph Stiglitz(1943~)는 은행업이 두 가지 핵심 기능을 수행한다고 주장한다.

첫 번째는 효율적인 지불 방식을 제공하는 것이고, 두 번째는 위험을 평가·관리하여 돈을 빌려주는 것이다. 이러한 역할들 때문에 은행은 경제의 중심축으로 자리매김하고, 정부는 은행을 구제하고자 노력한다. 은행산업이 완전히 무너지면 각종 대금이 제대로 지불되지 않고 투자와 대출이 사라질 것이다. 한 마디로, 사회가 마비되는 것이다. 2008년 위기에 앞서 많은 은행들이 점점 더 투기적인 활동에 뛰어들면서 본연의 핵심 기능들을 소홀히 했다.

은행의 파산으로 일어날 수 있는 부정적인 결과들은 SIFIs(Systematically Important Financial Institutions, 규모가 크고 중요성이 높아 파산 시 큰 충격을 일으킬 수 있는 대형 금융기관)에서 가장 심각하게 발생한다. 글로벌 금융 감독 기구인 금융안정위원회Financial Stability Board에 따르면, 2016년 30개의 SIFIs 중 가장 큰 두 곳은 시티그룹Citigroup과 JP모건체이스JP Morgan Chase였다. SIFIs의 붕괴는 세계 경제에 막대한 피해를 입힐 것이다. 그렇지만 이러한 중요성 때문에 오히려 직원과 투자자들 사이에 심각한 도덕적 해이가 일어난다. 정부가 자신을 구제해 줄 것이라는 절대적인 안전망이 존재한다는 믿음으로, 더욱 위험한 활동들을 일삼는 것이다. SIFIs는 경제에 도움이 되는 건전한 기관이 아닌 거대 괴물이 될 수 있다. 이에 대한 장기적인 해결책은 대형 금융기관을 작게 쪼개는 것이지만, 그들의 막대한 영향력을 고려하면 가능성은 낮다.

2008년 이후 각국 정부는 은행 규제에 힘썼다. 미국은 2010년 도드 프랭크법Dodd-Frank Act을 제정해 금융기관이 대출자의 주택자금 상환 능력을 확인하도록 의무화하는 등 새로운 규정을 도입했다. 이 법의 핵심인 볼커 룰Volcker Rule은 은행이 예금자들의 돈을 위험자산에 투자하지 못하도록 제한한다. 2011년, 금융 시스템의 개혁 방안을 마련하기 위한 독립위원회인 빅커스 위원회Vickers Commission는 영국의 은행 개혁을 권고했다. 이를 통해 예금을 비롯한 핵심 서비스를 증권 거래와 같은 위험한 활동과 분리하고, 은행이 위기에 대비해 충분한 자본을 보유하는 권고안을 2019년까지 완료하도록 제안했다. 마찬가지로 EU에서도 2009년 드 라로지에르 보고서de Larosière Report와 2012년 리카넨 보고서Liikanen Report에 따라 새로운 은행 규제가 마련되었다.

세계 경제의 상호 연계성이 더욱 높아지고, 대형 은행들이 수많은 해외 지사를 보유하고 있는 점을 고려할 때 은행 개혁은 국제적으로 이루어져야 한다. 2011년에 제3차 **바젤협약**Basel Accord 이 발표되었지만, 은행산업의 압력으로 2019년까지 실행이 미뤄졌다. 제3차 바젤협약은 최소 자본 수준 설정, **레버리지**leverage 비율 제한, 투명성 제고 등 은행이 충격에 흔들리지 않고 견딜 수 있도록 만드는 방안들을 담고 있다. 그러나 이 협약은 규제 반대파와 찬성파 모두에게 비판을 받았다. 반대 측에서는 규제가 지나치게 엄격해서 성장을 제한한다고 반발했고, 찬성 측에서는 규제가 지나치게 느슨해서 미래에 닥칠 위기를 막기에 부족하다고 주장했다.

A 돌이켜보면 1929년 월스트리트 붕괴는
   20세기의 더욱 심각한 위기를 알리는
   예고편에 불과했다. 1928~30년경 워커
   에반스가 찍은 이 사진은 어려웠던 당시의
   모습을 단적으로 보여준다.
B 2008년 9월 15일, 리먼 브라더스의
   붕괴는 세계 금융위기의 신호탄이었다.
   부패, 횡령, 서브프라임 모기지에 대한
   무분별한 투자, 이 모든 것이 몰락의
   원인이었다.

바젤협약 바젤은행감독위원회는 스위스에 본부를 둔 국제기구다.
1974년 은행 감독에 대한 국가 간 협력을 강화하고 국제 기준을
마련하기 위해 설립되었다. 28개 관할구역에서 45개 회원국이 참여하고
있으며, 주기적으로 은행 감독 규정 및 기준에 대한 협약을 발표한다.
첫 번째 협약은 1988년, 두 번째 협약은 2004년에 발표되었다.

레버리지 기어링gearing이라고도 한다. 차입을 이용해 자산을
매입하는 투자방식을 말한다.

B

A

지난 50년 동안 은행업에 대한 인식은 다소 고리타분하고 전통적인 분야에서, 수익성 높고 역동적인 산업으로 이미지 변신을 해왔다. 오늘날 은행산업은 가장 똑똑하고 야심찬 인재들을 끌어 모으는 분야다.

은행은 물리학이나 수학, 엔지니어링 분야의 석·박사 학위를 보유한 **퀀트**quant들을 고용한다. 그 결과 인적자본형성은 혁신을 통한 장기적인 생산성 향상에 기여하지 못하고, 주주들의 배당금을 늘리는 데 이용된다. 퀀트들의 재능은 사회 전체를 이롭게 할 긍정적인 외부효과로 이어질 가능성이 없다. 은행가들의 급여와 보너스를 제한하여 이러한 문제를 해결할 수 있겠지만, 이 또한 실현될 가능성이 매우 낮다. 한 예로, 2016년 영국, 프랑스, 아일랜드는 은행가의 보너스를 급여의 100퍼센트로 제한하는 EU 규정을 거부했다.

A   20세기 초반에 사람들은 은행 일자리가 금융부문에 활기를
     불어넣는 매력적인 직업이 아니라, 고리타분한 직업이라고
     생각했다.
B   일리노이 주 시카고에서 CME 그룹의 트레이더와 직원들이
     2010년 12월 31일 한해의 마지막 장을 축하하고 있다. S&P,
     다우존스, 나스닥이 10퍼센트 이상 상승하며 1년을 마감한
     가운데 2010년 미국 주가지수는 수익을 올렸다.

B

심각한 위기를 막기에는 부족하지만, 일부 규제가 도입되었다. 앞으로 정부는 규제가 철저히 시행되고, 변화하는 여건에 맞게 조정되도록 힘써야 한다.

소비자들 또한 자신의 역할을 다해야 한다. 금융 상품 약관 확인은 기본이다. 깨알 같은 조항들을 일일이 읽는 것은 힘들고 지겨운 일이지만, 어떤 합의가 들어가고 어떤 위험이 따르는지 정확히 알아야 한다.

퀀트 계량분석가quantitative analyst의 약자로, 수학 및 통계 기법을 이용해 금융시장을 전문적으로 분석하는 사람을 말한다.

인적자본형성 인적자본은 상품 및 서비스 생산을 위한 노동에 이용될 수 있는 지식, 가치, 기술, 경험을 의미한다. 핵심 요소는 교육과 훈련이다. 인적자본을 유지하는 건강과 같은 영역까지도 확대될 수 있다. 노벨상을 수상한 미국의 경제학자 게리 베커(1930~2014)는 효과적인 인적자본형성이 경제성장에 반드시 필요한 요소라고 주장했다.

A B

소비자들은 '지나치게 높은' 이윤을 조심해야 한다. 미국의 경제학자 유진 파마Eugene Fama(1939~)가 제시한 효율적 시장가설이 증명했던 것처럼 시장 평균 이상의 수익을 지속적으로 낼 수는 없다는 사실을 기억해야 한다.

장기적으로 봤을 때 '시장을 이기는 것'은 불가능하다.

지난 30년 동안 선진국에서는 갈수록 불평등이 확대되었다. 이는 아무리 자유시장 자본주의를 지지한다고 해도, 오랜 기간에 걸쳐 경제적 비용이 소요될 수 있는 매우 어려운 문제다.

소수의 부유한 특권층이 형성되면, 상위 계층으로의 사회 이동이 어려워진다. 예를 들어, 불평등이 심한 영국과 미국에서는 '세대 간 소득 이동성'(부모 세대에서 자녀 세대로 넘어가면서 소득이 변화하는 정도)이 낮은 경향성을 보인다. 이는 부유하지 못한 가정의 유능한 인재들이 자신의 잠재력을 발휘하지 못하는 폐쇄적인 시스템을 드러내는 현상이다.

소득 분배의 심각한 불균형은 수요에 악영향을 미친다. 전체 소비 수준은 상류층시장의 수요가 아니라, 대중시장의 수요가 크게 좌우한다. 부자 물가지수 (CLEWI, Cost of Living Extremely Well Index)에 속하는 상품과 서비스만으로는 경제를 지속시키지 못한다. 게다가 불평등으로 인해 세금을 낼 수 있을 정도로 돈을 벌지 못하는 하위 계층이 발생하면 정부의 과세 기반이 줄어든다. 이는 정부가 인프라와 복지 같은 중요한 분야에 돈을 쓸 수 없다는 의미다.

불평등은 정치 시스템에 대한 실망으로 이어지기도 한다. 민주주의의 위기는 그 자체로 심각한 문제일 뿐만 아니라, 경제에도 매우 안 좋은 영향을 미친다. 자본주의의 발전과 그에 따른 긍정적인 효과는 대체로 대의 민주주의representative democracy와 밀접하게 연관된다.

유진 파마 노벨상을 수상한 경제학자. 주가에 대한 분석으로 유명하다. 그의 연구에 따르면, 새로운 정보가 주가에 즉각적으로 반영되기 때문에 단기적으로 주가를 예측하는 것은 거의 불가능하다.

부자 물가지수 포브스는 지난 40년 동안 요트, 오페라 티켓, 순종 말, 모피, 샴페인, 성형수술 등 40개 품목을 바탕으로 부자 물가지수를 산출했다.

C

D

A–D 다양한 단기 대출 서비스를 광고하는 네온사인. 이러한 '페이데이 론payday loan'은 월급날 갚는 조건으로 소액을 빌려주는 것이 일반적이다. 많은 지역에서 규제가 거의 이루어지지 않아 연간 이자율이 1,000퍼센트를 넘어서기도 한다. 서민들은 대출금을 바로 갚지 못하면 산더미처럼 쌓이는 빚에 시달린다.

대부분의 선진국에서 시민들은 세습 엘리트를 끌어내리고,
정치권력과 부가 고르게 분포되는 사회를 만들었다.
민주주의의 혜택은 차츰 여성과 소수집단으로 대상을
확대하면서 발전했다. 더 많은 사람들이 정부에 책임을
물을 때, 더 많은 사람들에게 경제적 기회가 돌아갈 수
있는 포용적인 제도가 만들어진다.

그렇지만 차상위 계층은 무관심으로 인해 자신의 권리를 근본적으로
포기할 가능성이 매우 높다. 이는 엘리트 계층이 정부를 좌지우지하며
사회 전체의 번영과 안전을 고려하지 않고, 오로지 자신들의 이익만
추구할 수도 있음을 의미한다. 이런 상황에서 심각한 위기가
발생한다면, 최고소득 계층의 부자들이 문제 해결을 위해 나설
이유가 전혀 없다.

일부 슈퍼리치는 세계의 미래를 비관적으로 전망하고 벙커와 금괴에 투자하며 사회 붕괴가 일어날 경우에 대비해 자신을 보호할 치밀한 계획을 마련하기도 한다. 그 가운데 뉴질랜드는 최후의 도피처로 여겨진다. 한 예로, 페이팔PayPal을 공동 설립한 억만장자 기업가 피터 틸Peter Thiel(1967~)은 수백만 달러를 뉴질랜드에 투자했다.

부의 재분배는 확실히 불평등의 확대를 막을 것이다.

많은 나라에서 금융 엘리트들이 내는 조세 부담률이 최근 몇 년 사이 실질적으로 줄었다. 부분적으로 이는 투자은행, 헤지펀드, 사모펀드 등 상업은행과 비슷한 기능을 수행하지만 관련 규제는 받지 않는 자금중개기구에 의해 주도되는 '그림자금융shadow banking' 때문이다. 전 세계 그림자금융 네트워크는 80조 달러 이상이며, 2008년 이후 꾸준히 증가하고 있다. 아일랜드에서는 2016년 그림자 금융의 자산 규모가 2조 3,000억 파운드로, 아일랜드 경제 규모의 10배에 달했다.

B

A

일반적인 투자기구에는 **사모펀드**private equity fund와 **헤지펀드**
hedge fund가 있다. 이러한 펀드는 고액 투자자들을 대상으로 한다.
그림자금융은 규제의 사각지대에 놓여 있어 더 큰 위험을 감수해야
하기 때문에 대부분 많은 문제를 안고 있다. 또 다시 금융위기가
일어난다면, 막대한 금액이 사라질 수도 있다.

그림자금융은 당연히 투명성이 현저히 낮고, **역외**offshore에
기반을 두는 경우가 많아 세금을 부과하기가 매우 어렵다.
다시 말해, 이는 안전한 투자보다 투기성 투자에 낮은 세율이
적용됨을 의미한다.

사모펀드 주로 주식 매입에 중점을
둔다. 부유한 개인들과 연금 펀드 및 재단
등의 투자자들은 투자를 대신해 줄 펀드
매니저에게 돈을 위탁함으로써(보통 10년
이상) 파트너십을 형성한다.

헤지펀드 고수익 달성을 목표로
하며 이를 위해 여러 가지 기법들을
활용한다. 높은 레버리지를 이용하는
경우가 많으며, 쉽고 빠르게 현금화할
수 있는 다양한 자산에 투자한다.

효과적이고 공정한 과세는 여러 가지 측면에서 매우 중요하다. 예를 들면, 과세를 통해 일정 수준의 소득 재분배가 일어날 수 있고, 정부는 환경오염을 비롯해 시장이 일으킨 문제들을 바로잡을 수 있다. 소득에 관계없이 모든 사람에게 동일한 세율을 적용하는 일률 과세는 효과적이지 않다. 더 단순한 방식이긴 하지만, 세입이 줄어들고 저소득층의 부담이 커지기 때문이다.

근본적인 해결책은 상속세를 100퍼센트 부과하는 것이다. 이를 통해 세대 간에 강제로 소득이 재분배된다.

하지만 재산에 대한 납세의무를 줄이는 데 큰 역할을 하고 있는 법률 및 금융 체계와 이러한 세금에 반대하는 부자들이 정부에 행사하는 막대한 영향력을 고려할 때, 이는 실행 불가능한 방안이다.

A 어글랜드 하우스Ugland House(그림 가운데)에는 1만 9,000여 개 기업이 입주해있다. 이곳은 오바마 대통령이 '세계에서 가장 큰 빌딩이자, 가장 큰 세금 사기가 벌어지는 곳'이라고 말했던 조세 회피의 상징이다.
B 2016년 포춘 500대 기업은 세금을 부과할 수 없는 역외 지역에서 2조 6,000억 달러 이상의 수익을 챙겼다.

역외 이러한 은행은 예금자들의 거주 국가 바깥에 위치한다. 일반적으로 낮은 세금, 자유로운 입출금, 사생활 보호 등의 혜택을 제공하는 조세피난처에 설립된다. 영국령 버진 아일랜드, 케이맨 제도, 저지 아일랜드, 룩셈부르크, 스위스 등이 대표적이다.

B

A

현실적인 해결책은 금융 기관에 세금을 부과하는 것이다. 2011년 영국 정부는 위험한 차입을 막기 위해 영국에 있는 은행들에 부채에 대한 추가 세금을 부과했다. 2015년에는 세율이 0.21퍼센트로 최고치에 달해 30억 파운드 가량 세금이 늘었다. 그러나 은행의 반발로 2017~2022년까지 세율이 0.1퍼센트로 낮아지게 되었다.

더욱 획기적인 방안으로, 투기적인 단기 금융거래에 세금을 부과하는 토빈세Tobin tax가 있다. 토빈세가 도입되면 낮은 세율로도(대부분의 지지자들은 0.1~1퍼센트를 제시한다) 수십 억 달러의 세금이 늘어나고, 단기 수익을 추구하는 위험한 행동이 억제될 것으로 전망한다. 금융업의 글로벌 특성을 고려할 때 이러한 세금은 전 세계적으로 부과되어야 한다. 물론, 토빈세를 비판하는 사람들은 금융 거래와 투자를 위축시킬 것이라고 주장한다.

보편적 기본소득을 실현하면 빈곤을 줄이고 부를 재분배할 수 있을 것이다. 기본소득은 한 나라의 모든 국민에게 조건 없이 일정 수준의 소득을 보장하는 제도다. 이를 도입하면 복지 대상을 선별하는 심사가 의미 없어지기 때문에 복지제도를 담당하는 조직이 상당 부분 없어질 것이다. 또한 기본소득은 근로자들이 만족스럽지 않은 일자리를 떠나 더 높은 생산성을 발휘할 기회를 찾을 수 있도록 안전망 역할을 할 것이다.

기본소득 도입에 반대하는 사람들은 실행에 막대한 비용이 소요되고, 인플레이션을 일으킬 것이라고 주장한다. 게다가 일할 동기가 사라져 노동시장에 예측할 수 없는 영향을 줄 것이라고 비판한다. 대안으로 정부가 완전 고용(일할 의사와 능력을 가진 성인이 모두 고용되는 상황)을 이루기 위해 '최후의 고용주employer of last resort' 역할을 하는 방안이 있다. 정부가 지속적으로 발생하는 실업자들에게 공공부문 프로젝트를 통해 적정 소득을 보장하는 일자리를 제공하는 것이다.

선진국 안에서의 부의 재분배가 무엇보다 중요한 문제이긴 하지만, **개발경제학자**development economist 들은 경제 발전의 세계적인 불균형이 더욱 심각하고 시급한 사안이라고 말한다. 불균형에 내재된 비도덕성의 문제는 차치하더라도, 일부 국가는 더 부유해지고, 다른 국가는 가난을 면치 못하는 상황이 왜 문제가 될까?

B

토빈세 제임스 토빈James Tobin(1918~2002)은 1981년 노벨상을 수상한 미국의 케인즈학파 경제학자. 토빈의 가장 유명한 제안 중 하나는 외환 거래에 세금을 부과하는 것으로, 그는 이를 통해 단기적 투기가 줄어들 것이라고 주장했다. 현재 '토빈세'라는 용어는 유형에 관계없이 모든 단기성 거래에 대한 세금을 의미한다.

개발경제학자 가난한 나라들의 성장과 번영을 돕는 방법을 집중적으로 모색하는 학자. 상대적으로 경제적 산출물과 생활 수준이 매우 낮은 아프리카 대륙의 '개발 도상국'을 중점적으로 연구한다.

A 남북전쟁 이후 노동력이 부족했던
   미국은 양쪽 해안을 연결하는
   1차 대륙횡단철도 건설을 위해
   중국에서 1만 5,000명의 노동자를
   데려왔다. 1868년 중국 노동자들이
   센트럴 퍼시픽 철도를 건설하기
   위해 캘리포니아 시크릿 타운
   트레슬 교각에서 일하고 있다.
B 1880년대에는 노스웨스턴 퍼시픽
   철도를 건설했다.
C 1900년 이민자들이 뉴욕 엘리스
   아일랜드에 도착하는 모습이다.

앞으로는 개발도상국이
점점 더 중요해질 것이다.

신흥경제국들은 세계인구의 80퍼센트를 차지한다. 선진국들의
출산율은 꾸준히 줄어들고 있으며, 이 수치는 더욱 커질 전망이다.
신흥국의 경제성장을 활성화함으로써 얻을 수 있는 이익은
막대하다. 생필품 이외의 상품 및 서비스를 구매할 만큼 충분히
부유해지면, 이들 신흥국 인구는 세계 수요를 끌어올릴 수 있는
거대한 잠재력을 지니고 있다. 더욱이 이 수요는 혁신가로서의
막대한 경제적 가능성을 동시에 가지고 있다.

**산업혁명을 경험한 사람들은 세계 인구의 3분의 1밖에 되지 않았다.
전 세계 인구가 산업혁명에 참여했다면, 얼마나 폭발적으로 생산성이
높아질 수 있었을지 상상해보라.**

전 세계가 지금보다 동등한 수준의 경제 발전을 이루면서, 동시에 부유해지도록
만드는 일은 결코 쉽지 않다. 선진국과 후진국 사이에는 엄청난 빈부 격차가
존재한다. 세계적 불평등은 역사적으로 매우 뿌리 깊은 문제이긴 하지만,
지금처럼 심각했던 적은 없었다. 1500년에는 선진국과 후진국의 1인당 GDP
비율이 1.3대 1이었다.

이 비율은 20세기 말 무렵 6.9대 1로 높아졌다. 불평등은 19세기와 20세기에 걸쳐 가속됐다. 산업혁명과 기술발전의 혜택을 일부 국가들만 누릴 수 있었기 때문이다. 이와 더불어 제국주의와 식민주의는 여러 독립 국가들을 파괴하고 착취했다. 예를 들어, 18세기 인도는 세계 최대 직물 생산지였으나 이후 영국에 밀려 직물업은 쇠퇴의 길을 걷게 되었다.

그러나 개발도상국이 성장할 수 있는 방안들이 있다. 1943년 경제학자 폴 로젠스타인 로단Paul Rosenstein-Rodan(1902~1985)이 제시한 '빅 푸시 모델big push model'은 농업 중심의 경제를 산업화하고 장기적으로 지속가능한 성장을 이루기 위해 충분한 동력을 확보할 수 있도록 대규모 투자가 이루어져야 한다고 주장한다.

개발도상국의 가장 큰 문제는 제도와 관련 있는 경우가 많다. 경제학자 대런 애쓰모글루Daron Acemoglu(1967~)와 제임스 A. 로빈슨 James A. Robinson(1960~)은 그러한 문제가 식민 통치의 특성과 연관된 뿌리 깊은 역사적 원인에서 비롯되었다고 주장한다. 1815~1930년까지 5,000만 명 이상이 유럽을 떠나 아메리카와 오세아니아로 향했다(미국 3,260만 명, 캐나다 720만 명, 아르헨티나 640만 명, 브라질 430만 명, 오스트레일리아 350만 명 등).

대런 애쓰모글루 터키계 미국인 경제학자로, MIT 교수.

제임스 A. 로빈슨 영국인 경제학자로 하버드대학교 교수. 대런 애쓰모글루와 함께 쓴 《국가는 왜 실패하는가》는 국가 발전의 차이와 그 이유를 살펴본 책이다.

많은 유럽인들이 쉽게 정착할 수 있었던 캐나다 같은 지역에는 장기적인 경제성장을 뒷받침할 수 있는 민주적이고 책임 있는 제도가 확립되었다. 그러나 기후와 질병 때문에 유럽인들이 정착하기 어려웠던 다른 지역에는 식민지배체제가 들어섰고, 이들은 가능한 한 많은 자원을 착취하는 데 몰두했다. 식민지에서 벗어나 독립을 이룬 후에도 식민지배의 착취적 특성은 여전히 남아있다.

착취를 경험했던 나라들의 정치체제는 쉽게 부패하고, 무책임한 경향성을 보인다. 또한 자원 배분과 인적자본형성이 균등하게 이루어지지 않는 특징이 있다. 이는 장기적인 성장을 거의 불가능하게 만드는 요인이다. 막대한 천연자원(나이지리아의 석유, 기니의 보크사이트, 니제르의 우라늄 등)을 보유한 사하라 이남 아프리카에서 특히 심각하다. 이 지역에 포함된 나라들은 대부분 낙후되어 있으며, 극소수 엘리트 계층과 외국 기업들이 수익을 독차지하고 있다. 그렇지만 보츠와나와 인도의 사례에서 볼 수 있듯이, 이들도 제국주의가 남긴 해로운 유산을 극복할 수 있다. 보츠와나는 사하라 이남 지역 아프리카에서 가장 높은 인간개발지수를 기록했고, 인도는 2016년에 7퍼센트의 GDP 성장을 이룩했다.

A

B

전 세계가 변화를 위해 가장 큰 관심을 기울여야 할 부분은 자본주의와 환경에 관한 문제다. 어떠한 노력도 하지 않는다면, 지난 수십 년간 이룩한 경제 발전의 많은 부분이 분명 후퇴하게 될 것이다. 2015년 세계은행의 보고서에 따르면 기후변화가 계속될 경우 2030년에는 1억 명이 빈곤으로 내몰릴 것이라고 예측한다. 기후변화로 국내외에서 갈등과 분쟁이 일어날 가능성도 높아진다. 기후안보센터Center for Climate and Security는 기후변화가 식량, 물, 전기와 같은 기본적인 서비스 공급에 타격을 주어 사회 불안과 대규모 인구 이동을 일으켜 나라를 불안정하게 만들 수 있기 때문에 분쟁 가능성이 높아진다고 주장한다. 가뭄으로 시리아의 긴장상태가 악화된 것을 보면, 기후변화가 2011년부터 계속되고 있는 시리아 내전에 영향을 주었을지도 모를 일이다. 2017년 안토니오 구테헤스Antonio Guterres(1948~) 유엔 사무총장은 세계적 갈등의 위험을 줄이기 위해서는 기후변화 문제를 반드시 해결해야 한다고 말했다.

탄소배출권 개인 할당제
과학자들이 전 세계 탄소 배출량을 결정한다. 정부가 결정된 배출량에 따라 모든 성인들에게 배출 허용권을 동일하게 배분하면, 개인들은 화석연료를 사용하는 기업에게 이 권리를 판매할 수 있다. 이는 탄소 배출 제한에 따른 시장 가격 상승을 개인에게 보전해주는 효과가 있다.

A

화석연료는 산업혁명 이후 자본주의의 주된 에너지원이었다. 화석연료의 사용을 줄이려면 정치·경제 측면에서 근본적인 변화가 필요하다. 2015년 입안되어 2016년 체결된 파리 협정Paris Agreement을 통해 195개 국가가 지구 온난화를 막기 위해 노력할 것을 약속했다. 이러한 합의는 매우 유의미한 성과지만, 온실가스 감축 계획을 이행하지 못한 데 대해 어떠한 처벌도 없다는 점은 큰 과제로 남았다.

탄소배출권 개인 할당제cap and share와 **거래가능 에너지 할당제**tradable energy quotas 같은 제도들은 탄소 배출량을 점차 줄여나갈 수 있는 방안이다. 하지만 이를 위해서 각국 정부가 규제 체계 마련에 투자하여 정치·경제적으로 제도를 실행해나가야 한다. 아울러 이를 어긴 경제주체에 대해서 확실한 처벌이 이루어지도록 해야 한다. 더 큰 문제는 많은 나라에서 기후변화가 정치적인 이슈가 되었다는 점이다. 한 예로, 미국은 공화당의 트럼프 행정부가 다수의 환경 규제를 철회하고 파리 협정에서 탈퇴한 상황이다.

자본주의는 해결책을 모색할 수 있을 것이다.

18세기 영국의 제조업자들이 노동력 절감을 위한 장치에 투자할 유인이 있었고, 산업혁명에 불이 붙을 수 있었던 것처럼 기후변화 해결을 위한 노력을 이끌어 낼 다양한 유인책들이 실행되어야 한다. 2016년 4월 세계은행은 앞으로 투자예산의 28퍼센트를 친환경 교통 시스템과 같은 기후변화 프로젝트에 투입할 것이며, 모든 지원 기금을 지구온난화 해결에 사용한다고 천명했다.

재생가능 에너지원에 대해 비재생 에너지원 수준의 연구와 개발이 이루어진다면, 점진적 혁신을 통해 더욱 안정적이고 효율적이며 생산적인 재생가능 에너지를 이용할 수 있을 것이다. 이는 수많은 일자리를 창출할 수 있는 것은 물론, 탄소 중립적이고 지속가능한 자본주의를 성장시키는 결과로 이어질 것이다.

거래가능 에너지 할당제 전자 시스템이 온실가스 배출량을 기준으로 에너지 공급에 탄소 등급을 부여해 거래가능 에너지 할당량TEQ를 결정한다. 첫해에 각 나라별로 TEQ 예산이 배정되고 총량은 해마다 줄어든다. 모든 성인들에게 매주 TEQ 단위가 무료로 지급되면, 각 개인은 탄소를 발생시키는 연료와 전기를 구매할 때마다 이를 사용한다. TEQ 단위가 부족한 사람은 추가로 구매할 수 있고, 남는 사람은 판매할 수 있다. 정부와 기업은 매주 경매를 통해 TEQ를 구매해야 한다.

B

A 2014년 팔레스타인 알아우자 마을의 메마른 도랑은 최근 수십 년간 바싹 말라버린 중동의 겨울을 여실히 보여준다. 이러한 기후변화는 지역의 작물 생산에 피해를 주고, 농부들의 생계를 위협하며, 결과적으로 세계 식량 가격을 위태롭게 만든다. 실제로 시리아, 레바논, 요르단, 팔레스타인, 이라크 등지의 한정된 농경지 중 3분의 2가량이 크고 작은 가뭄으로 피해를 입고 있다.

B 환경운동가들이 2015년 유엔 기후변화회의가 열린 파리의 에펠탑 앞에서 희망과 평화의 메시지를 형상화하고 있다.

인터넷은 혁신과 경제성장을 촉진할 수 있다. 실제로 커뮤니케이션에 대대적인 변화를 가져왔고, 그 결과 지식 전파가 급격히 이루어지게 되었다. 1995년에는 인터넷에 접속할 수 있는 사람이 세계 인구의 1퍼센트도 되지 않았지만, 2017년에는 51.7퍼센트까지 늘어났다. 설계 및 제작 기술이 발전하면서 컴퓨터는 점점 더 강력한 성능과 휴대성으로 무장하게 되었다. 오픈소스 소프트웨어는 기술이 널리 공유되고, 빠르게 개선되도록 해주며, 이를 통해 점진적 혁신 프로세스에 가속이 붙었었다.

인터넷 사용은 선진국에서 가장 높게 나타나지만(2017년 사용자 비율이 가장 높은 나라는 94퍼센트를 기록한 일본이었다) 개발도상국에서도 빠르게 늘어나고 있다. 예를 들어, 2000~2017년까지 인터넷 사용자 수는 나이지리아에서 4만 6,696퍼센트, 방글라데시에서 6만 6,865퍼센트 늘어났다. 스마트폰은 인터넷이 널리 보급되는 데 핵심적인 역할을 한다. 인터넷은 세계 어디서나 금융 서비스를 이용할 수 있는 광대한 연결망을 제공한다. **엠페사**M-Pesa 같은 서비스를 이용하면 온라인으로 돈을 맡기고, 찾고, 보낼 수 있다. 이는 현금 보유로 인해 생기는 절도나 위조 같은 문제들을 해결한다. 앞으로 **블록체인**blockchain을 통해 **비트코인**bitcoin 같이 안전하고 투명한 디지털 화폐가 생겨날 수 있을 것이다.

엠페사 M은 모바일을, 페사는 스와힐리어로 돈을 뜻한다. 2007년 케냐에서 처음으로 도입된 모바일뱅킹 서비스로, 9개 국가(알바니아, 콩고민주공화국, 이집트, 가나, 인도, 레소토, 모잠비크, 루마니아, 탄자니아)로 확대되었다. 2007~16년까지 2,950만 명이 서비스를 이용했고, 60억 건의 거래가 이루어졌다.

블록체인 안전한 디지털 거래장부로, 2008년에 처음 실행되었다. 블록체인에 기록된 정보는 수백만 대의 컴퓨터가 연결된 데이터베이스에 저장된다. 따라서 쉽게 접근할 수 있지만, 데이터가 분산되어 있어 사실상 해킹이 불가능하다. 거래가 이루어지면 내용이 기록되고, 바꿀 수 없다.

A 고객들은 엠페사를 이용하기 위해 은행에 갈 필요가 없다. 사실 이 시스템은 그런 사람들을 위해 개발되었다. 사진은 케냐 나이로비의 엠페사 지점으로, 사용자들은 이곳에 돈을 예금하고 스마트폰을 이용해 온라인으로 송금할 수 있다.

인터넷은 과거에 상상할 수 없던 세계적인 규모의 사회적·경제적 네트워크를 만들어낼 수도 있다. 이론적으로, 디지털 경제가 활성화되면 특정 부문에서는 전 세계를 대상으로 노동시장이 열리고, 반대로 기업들은 글로벌 소비 시장에 접근할 수 있다. 이러한 발전이 계속되기 위해서는 망 중립성net neutrality이 반드시 유지되어야 한다.

세계 불평등의 역사적 원인 중 하나는 기술 도입이 고르게 이루어지지 못했던 점이다. 이 같은 일이 디지털 기술에서 되풀이되는 것을 막기 위해서는 인터넷의 포괄적이고 개방적인 특성이 반드시 지켜져야 한다.

비트코인 블록체인을 처음으로 활용한 디지털 화폐로, 2009년에 시작되었다. 각각의 비트코인은 하나의 코드이며, 자신의 컴퓨터를 거래 기록에 사용하는 사람들에 의해 '채굴'된다. 분산되어 있는 이 시스템은 사용자들 사이에 직접적인 전자결제가 가능하게 한다. 비트코인은 비밀번호로 보호되는 가상지갑에 저장된다. 거래는 공개적으로 이루어지지만, 익명이 보장된다. 온라인 거래소에서 기존 화폐를 이용해 비트코인을 구매할 수도 있다.

망 중립성 정부와 기업이 인터넷에서 소비자의 정보 접근이나 공유를 방해해서는 안 된다는 원칙이다.

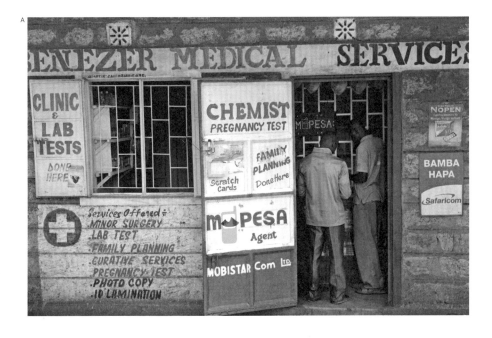

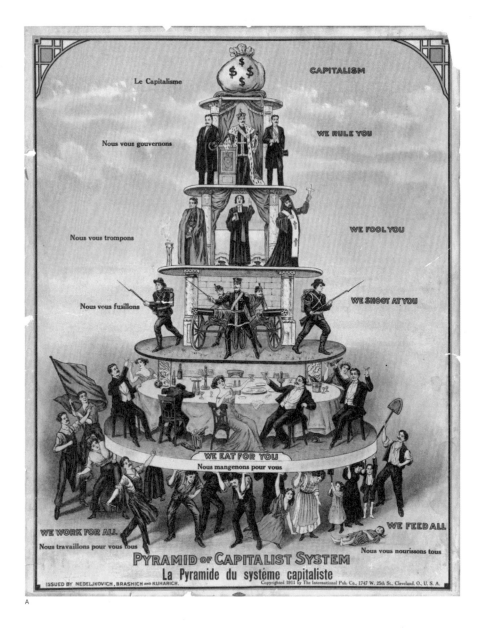

지금까지, 자본주의의 역사와 함께
성공과 실패를 돌아보고 가능성 있는
대안들을 살펴보았다. 이제 마지막 남은
질문에 답을 찾아보자. 자본주의는
제대로 작동하고 있을까?

자본주의는 분명 눈부신 성과를 일궈냈다. 어떤 경제 체제보다 많은 사람들을 빈곤에서 구해냈고, 우리의 삶을 더욱 편안하게 지속시켜준 혁신과 기술 발전을 일으켰다. 1인당 GDP 측면에서도 전 세계를 끊임없이, 더욱 부유하게 만들었다. 영유아의 평균 기대수명은 200년 전보다 2배가량 늘었다.

역사는 소련에서 이루어진 자본주의의 대안에 대한 실험이 경기침체와 붕괴로 이어지며 결국 실패로 끝났음을 확인해주었다. 지난 40년 동안 인도와 중국을 비롯해 자본주의의 꽃을 활짝 피운 나라들은 눈부신 번영을 이룩했다. 그렇지만 자본주의 지지자들은 과거의 성공에만 취해서는 안 된다.

A 《산업노동자Industrial Worker》(1911)지에 실린 '자본주의 체제의 피라미드Pyramid of Capitalist System'는 노동자들이 지탱하는 사회적 계층구조를 보여준다.

B 1938년 캘리포니아 아라비아 스탠더드 오일California Arabian Standard Oil Company(현 사우디 아람코Saudi Aramco)은 사우디아라비아 동부 해안의 다란 지역에서 유전을 발견했다. 이로 인해 사우디아라비아는 일대 경제 발전을 이룩했고, 세계 최대의 원유 수출국이 되었다.

B

A

전 세계를 짓누르는 가장 심각한 문제들 중 일부는 자본주의의 실패에서 비롯된 결과물이다. 자본주의의 발전으로 최근 수십 년 사이에 부의 불평등이 급속히 확대되었다. 이는 소수 집단의 소득이 여전히 평균에 미치지 못하는 자국 내의 일이 아니다. 국가 간에도 적용되는 심각한 문제다. 이익만을 추구하는 기업들의 행태는 일부 지역에서 위협적인 갈등을 빚으며 사회 불안을 일으키는 데 분명 한몫 했다. 자본주의는 재앙을 가져올 수도 있는 기후변화뿐만 아니라, 자연 파괴와 자원 고갈을 초래하며 인류가 환경에 미치는 부정적인 영향도 더욱 악화시켰다. 자본주의는 18세기와 19세기에 등장한 이후 석탄, 석유에 의존해왔으며, 21세기에도 여전히 이러한 비재생 에너지원이 대부분을 차지하고 있다. 인류의 미래는 이를 대체할 재생가능 에너지원을 적극적으로 개발하고 도입하려는 노력에 달렸다.

자본주의가 풀지 못한 문제들은 여전히 남아있다. 자본주의는 수십 억 명을 극심한 빈곤에서 구했지만, 인간 사회의 가부장적 특성을 없애지는 못했다.

선진국에서 성별에 따른 생산성 차이가 없는 것으로 밝혀졌지만, 남녀 간의 불평등은 여전하다. 특히 고위직 여성의 비율은 충격적일 만큼 낮다. 2017년 포춘 500대 기업 중 여성이 CEO인 기업은 6퍼센트에 불과했다. 게다가 여성은 남성보다 임금수준이 낮은 제한된 일자리에 몰리는 경우가 많다. 일반적으로 여성이 우세한 직업은 남성이 우세한 직업보다 소득과 명성이 뒤쳐지는 경향성을 보인다. 부양가족(특히 아이들)을 돌보는 무보수 노동은 남성보다는 여성의 일이었다. 이로 인해 여성은 주로 시간제 일자리를 전전하게 되고, 그 결과 일터에서 훨씬 불안정한 위치에 놓인다.

B

성별 임금격차(여성과 남성의 평균 소득 백분율 차이)는 전 세계 모든 나라와 모든 부문에 걸쳐 존재한다. 한 예로, 영국의 경우 정규직 근로자의 성별 임금격차는 13.9퍼센트다. 젠더 문제는 매우 더디게 변화하고 있는 세계적인 이슈다.

세계경제포럼에 따르면
현재의 변화 속도로 여성이 남성과
동등한 임금 수준에 도달하려면
170년이 걸릴 것이라고 한다.

A 1970년대 오하이오 주 신시내티에서 한 여성이 임금 불평등에
 항의하며 1인 시위를 하고 있다. 당시, 남녀평등 헌법수정안Equal
 Rights Amendment은 3개 주의 승인이 부족해 비준에 실패했다.
B 세계경제포럼은 '세계의 상황을 개선'하기 위해 정·재계 주요 인사들이
 모이는 국제회의다. 2002년 뉴욕 시위 참여자들을 비롯해 이를
 비판하는 사람들은 이 포럼이 엘리트 집단의 이익을 추구하기 위한
 패거리 모임이라고 주장한다.

A

자본주의의 가장 큰 특징은 불평등이다. 그러나 자본주의를 지지하는 사람들은 불평등이 항상 나쁜 것만은 아니라고 주장한다. 때로는 추진력으로, 심지어 때로는 자극제로 작용한다는 것이다. 불평등은 개선을 위해 노력하려는 경제주체들의 의지에 불을 지피면서, 혁신을 촉진하고, 생산성을 높이는 촉매 역할을 한다. 그러나 자본주의를 비난하는 사람들은 불평등으로 인해 의도하지 않은 부정적인 결과도 나타난다고 지적한다. 불평등 수준이 지나치게 높으면 공고히 자리 잡은 소수 집권층이 생겨나, 자신들에게 유리한 체제를 지키기 위해 장기적으로 성장을 억제하기 때문이다.

이 경우 '낙수trickle down' 경제는 모든 사람을 부유하게 만들지 못한다. 엘리트 집단은 현재 사회에 드러난 부정적인 외부효과에 대해 합당한 대가를 지불하지는 않으면서, 과거의 긍정적인 외부효과를 누리고 있다. 앞으로는 자본주의 체제의 긍정적, 부정적 외부효과가 더욱 공정하게 분배되어야 한다. 이는 장기적인 성장을 촉진할 것이다.

책임 없는 세습 엘리트들의 정권을 무너뜨린 것이 자본주의 성장의 중요한 기반이었음을 기억하자. 오늘날 막대한 부를 지닌 소수의 상류층이 과거 세습 엘리트들의 자리를 대신하도록 두어서는 안 된다. 특히 실리콘 밸리의 '빅 파이브Big Five'(아마존, 애플, 페이스북, 구글, 마이크로소프트) 기업들은 우리 삶에 점점 더 막대한 영향을 미치고 있다. 이를 제어하지 않는다면 디지털 경제의 중요성이 높아지면서, 그들의 힘이 급격히 커질 것이다.

경제학의 아버지 애덤 스미스는 자유시장이 가장 효율적인 결과를 가져올 것이라고 주장했다. 그렇지만 우리는 3가지 이유에서, 시장을 전적으로 믿는 것이 최적의 결과를 가져오지 않는다는 사실을 알게 되었다.

A 인도의 경제성장은 수백만 명에게 번영을 가져다주었고, 오늘날 뭄바이에서는 사진과 같은 쇼핑몰을 흔히 볼 수 있다. 하지만 세계은행에 따르면, 2011년 20퍼센트 이상의 인구가 여전히 빈곤선을 벗어나지 못했다.

B 중국 정부는 탄소 배출을 줄이기 위해 철강 생산 축소를 명령했다. 그러나 사진과 같은 내몽골의 불법 철강 공장들을 비롯해 많은 공장들이 명령을 무시한 채 가동을 계속하고 있다.

A

첫째, 자유시장은 개인의 부를 축적하는 것이 궁극적인 동기로 작용하는 체제를 만든다. 그 결과 장기적인 경제 안정을 위해 바람직한 선택이 아닌 것을 알면서도, 단기 위주로 생각하고 투기적인 행동을 일삼는다. 2008년 금융위기는 세계 경제가 점점 더 긴밀히 연결되어 있고, 단기적 사고와 투기적 행동이 세계적인 재앙으로 급속히 확대될 수 있음을 보여주었다.

둘째, 허버트 A. 사이먼Herbert A. Simon(1916-2001)의 주장처럼 현대 경제체제에서는 조직이 시장보다 중요하다. 조직구성원으로서 인간을 이해하면 인간의 행동을 보다 완전한 시각에서 볼 수 있다. 사람들은 자신을 시장의 일원으로 여기지 않는다. 게다가 이윤을 추구하려는 동기만으로 반응하지도 않는다. 인간의 의사결정은 훨씬 더 복잡하고 다면적이다.

셋째, 거의 모든 거래에서 정보의 비대칭성information asymmetry이 존재한다. 따라서 온전히 효율적인 시장은 사실상 존재할 수 없다. 인터넷이 제공하는 지식의 자유로운 흐름도 개인의 편견과 선호를 완전히 드러낼 수 없기 때문에 이 문제를 해결하지 못한다.

허버트 A. 사이먼 행동주의 경제학을 정립한 주요 학자들 중 한 명으로, 경제학, 사회학, 컴퓨터 공학, 심리학, 철학 등 다양한 분야에 이바지했다. 그는 의사결정이 어떻게 이루어지는지 중점적으로 연구했고, 그 업적을 인정받아 1978년에 노벨 경제학상을 받았다.

정보의 비대칭성 한쪽이 다른 한쪽보다 더 많은(또는 더 좋은) 정보를 가지고 있을 때 발생한다. 이는 우위를 지키는 데 꼭 필요한 요소일 수 있으나, 시장이 제대로 작동하지 않는 원인으로 작용하기도 한다. 정보의 비대칭성이 생기면 구매자 및 판매자는 차선을 택하게 되고, 이로 인해 경제 문제가 발생할 수 있다. 예를 들어, 보험사는 보험 가입자들의 정보를 완벽하게 알지 못하기 때문에 보험료를 올린다. 정보의 비대칭성 문제는 '신호발송(signalling, 한쪽이 자발적으로 정보를 보내는 것)'과 '선별(screening, 정보를 갖지 못한 쪽이 상대가 정보를 드러내도록 유도하는 것)'을 통해 해결될 수 있다. 2001년 미국의 경제학자 조지 애커로프George Akerlof(1940~), 마이클 스펜스Michael Spence (1943~), 조셉 스티글리츠는 정보의 비대칭성에 대한 연구로 노벨 경제학상을 받았다.

이러한 불완전함을 고려할 때 어느 정도 규제는 늘 필요하다. 바로 이러한 이유로, 정부를 비롯한 여러 기관들이 필요하다.

민주주의 정부는 시장의 과잉을 억제하고 장기적으로 균형 잡힌 경제관을 유지하는 동시에 시민에 대한 책임을 다할 수 있다. 이를 통해 자본주의의 가장 좋은 특징은 유지되고, 문제점은 완화된다. 하지만 이 문제에 대한 일반적인 접근은 효과적이지 않을 것이다. 포괄적인 해결책과 정책으로는 충분하지 않으며, 지역 여건과 상황이 반드시 고려되어야 한다.

그렇다면, 자본주의는 제대로 작동하고 있는가? 수십억 명에게 의심할 여지없는 물질적 혜택을 가져다주면서, 자본주의는 이미 어느 정도 제대로 '작동'했다. 그러나 장기적인 불평등과 환경 문제를 일으키기도 했다.

자본주의의 성공과 실패를 엄밀히 평가하기 위해서는, 반대로 이 제도가 미래의 어려움을 해결하기 위한 방안을 제공했는지 판단해봐야 할 필요가 있다.

A '리치 러시안 키즈Rich Russian Kids'라는 인스타그램 계정은 러시아 부유층 자녀들의 생활을 보여준다.

참고 문헌

Acemoğlu, Daron and Robinson, James A., *Why Nations Fail: The Origins of Power, Prosperity and Poverty* (London: Profile, 2012)

Akerlof, George A. and Shiller, Robert J., *Animal Spirits: How Human Psychology Drives the Economy, and Why It Matters for Global Capitalism* (Princeton: Princeton University Press, 2009)

Allen, Robert C., *The British Industrial Revolution in Global Perspective* (Cambridge: Cambridge University Press, 2009)

Allen, Robert C., *Global Economic History: A Very Short Introduction* (Oxford: Oxford University Press, 2011)

Chang, Ha-Joon, *23 Things They Don't Tell You About Capitalism* (London: Allen Lane, 2010)

Chang, Ha-Joon, *Economics: The User's Guide* (London: Pelican, 2014)

Clark, Gregory, *A Farewell to Alms: A Brief Economic History of the World* (Princeton: Princeton University Press, 2007)

Datta, Saugato (ed.), *Economics: Making Sense of the Modern Economy* (3rd edition, London: The Economist in association with Profile Books, 2011)

Deaton, Angus, *The Great Escape: Health, Wealth, and the Origins of Inequality* (Princeton and Oxford: Princeton University Press, 2013)

Diamond, Jared, *Guns, Germs, and Steel: A Short History of Everybody for the Last 13,000 Years* (New York: W.W. Norton, 1997)

Gordon, Robert, *The Rise and Fall of American Growth* (Princeton: Princeton University Press, 2016)

Greenwald, Bruce C. and Kahn, Judd, *Globalization: The Irrational Fear That Someone in China Will Take Your Job* (Hoboken: John Wiley and Sons, 2009)

Harford, Tim, *The Undercover Economist* (2nd edition, London: Abacus, 2006)

Kahneman, Daniel, *Thinking, Fast and Slow* (New York: Farrar, Straus and Giroux, 2011)

Kay, John, *Other People's Money: Masters of the Universe or Servants of the People?* (London: Profile, 2015)

Klein, Naomi, *The Shock Doctrine: The Rise of Disaster Capitalism* (New York: Metropolitan Books/Henry Holt, 2007)

Klein, Naomi, *This Changes Everything: Capitalism vs. the Climate* (London: Allen Lane, 2014)

Lanchester, John, *Whoops! Why Everyone Owes Everyone and No One Can Pay* (London: Penguin, 2010)

Lanchester, John, *How to Speak Money: What the Money People Say – And What They Really Mean* (London: Faber & Faber, 2014)

Landes, David S., *The Wealth and Poverty of Nations* (London: Abacus, 1999)

Levinson, Marc, *The Box: How the Shipping Container Made the World Smaller and the World Economy Bigger* (Princeton: Princeton University Press, 2006)

Lewis, Michael, *Flash Boys: A Wall Street Revolt* (New York: W.W. Norton, 2014)

Maddison, Angus, *Contours of the World Economy 1-2030 AD: Essays in Macro-Economic History* (Oxford: Oxford University Press, 2007)

Milanovic, Branko, *Global*

Inequality: A New Approach for the Age of Globalization (Cambridge, MA: Harvard University Press, 2016)

Mokyr, Joel, The Enlightened Economy: An Economic History of Britain 1700–1850 (New York: Yale University Press, 2009)

Mason, Paul, Postcapitalism: A Guide to Our Future (London: Allen Lane, 2015)

Morris, Ian, Why the West Rules—For Now: The Patterns of History, and What They Reveal About the Future (New York: Farrar, Straus and Giroux, 2010)

Murphy, Richard, The Joy of Tax: How a Fair Tax System Can Create a Better Society (London: Bantam Press, 2015)

Nayyar, Deepak, Catch Up: Developing Countries in the World Economy (Oxford: Oxford University Press, 2013)

North, Douglass C., Understanding the Process of Economic Change (Princeton: Princeton University Press, 2005)

Piketty, Thomas, Capital in the Twenty–First Century (Cambridge, MA: Harvard University Press, 2014)

Pomeranz, Kenneth, The Great Divergence: China, Europe, and the Making of the Modern World Economy (Princeton: Princeton University Press, 2000)

Rodrik, Dani, The Globalization Paradox (Oxford: Oxford University Press, 2011)

Sen, Amartya, Development as Freedom (Oxford: Oxford University Press, 1999)

Stiglitz, Joseph E., Freefall: Free Markets and the Sinking of the Global Economy (London: Penguin, 2010)

Stiglitz, Joseph E., The Price of Inequality: How Today's Divided Society Endangers Our Future (New York: W.W. Norton, 2012)

Stiglitz, Joseph E. and Greenwald, Bruce C., Creating a Learning Society: A New Approach to Growth, Development, and Social Progress (New York: Columbia University Press, 2014)

Valdez, Stephen and Molyneux, Philip, An Introduction to Global Financial Markets (7th edition, Basingstoke: Palgrave Macmillan, 2013)

Vigna, Paul and Casey, Michael J., Cryptocurrency: How Bitcoin and Digital Money Are Challenging the Global Economic Order (London: Bodley Head, 2015)

Wolman, David, The End of Money: Counterfeiters, Preachers, Techies, Dreamers – and the Coming Cashless Society (Boston: Da Capo, 2012)

Wrigley, E. A., Energy and the English Industrial Revolution (Cambridge: Cambridge University Press, 2010)

사진 출처

Every effort has been made to locate and credit copyright holders of the material reproduced in this book.
The author and publisher apologize for any omissions
or errors, which can be corrected in future editions.

a = above, b = below,
c = centre, l = left, r = right

2 Courtesy Dan Tague
4–5 Paulo Whitaker / Reuters
6–7 Visions of America, LLC / Alamy Stock Photo
8 Courtesy Halas & Batchelor
11 De Agostini / G. Cigolini / Veneranda Biblioteca Ambrosiana / Bridgeman Images
12 Maersk Line
13 Simon Dawson / Bloomberg via Getty Images
14 a Doha, Qatar, 1980s
14 b Doha, Qatar, 2000s
15 l Issouf Sanogo / AFP / Getty Images
15 r Robert Matton AB / Alamy Stock Photo
16–17 Alte Nationalgalerie, Berlin
18 Private collection
19 Private collection
20 l Private collection
20 r Yale Center for British Art, Paul Mellon Collection
21 l SSPL / Getty Images
21 r Fox Photos / Getty Images
22 Library of Congress, Washington, D.C.
23 Florilegius / Alamy Stock Photo
24 a Michel Porro / Getty Images

24 c Hulton Archive / Getty Images
24 b The Trustees of the British Museum, London
25 Private collection
26 DEA Picture Library / De Agostini / Getty Images
27 The Granger Collection / Alamy Stock Photo
28 British Library, London
29 l Private collection
29 r Private collection
30 National Portrait Gallery, London
31 Courtesy Classical Numismatic Group, Inc., www.cngcoins.com
32 Anindito Mukherjee / Reuters
33 Henrique Alvim Corrêa
34 Courtesy Lamptech
35 Rykoff Collection / Getty Images
36 World History Archive / Alamy Stock Photo
37 l Private collection
37 r Universal Images Group / Universal History Archive / Diomedia
38 Popperfoto / Getty Images
39 Margaret Bourke-White / Getty Images
40 l Hulton-Deutsch Collection / Corbis via Getty Images
41 Bettmann / Getty Images
42 Smith Collection / Gado / Getty Images
43 Everett Collection Historical / Alamy Stock Photo
44 The Conservative Party Archive / Getty Images
45 Süddeutsche Zeitung Photo / Alamy Stock Photo
46 © European Communities, 1993 / E.C. – Audiovisual Service / Photo Christian Lambiotte
47 Sion Touhig / Sygma via Getty Images

48 Chris Ratcliffe / Getty Images
49 Warrick Page / Getty Images
50–51 Stuart Franklin / Magnum Photos
52 Musée d'Orsay, Paris
53 British Library, London
54 New Holland Agriculture
55 Agencja Fotograficzna Caro / Alamy Stock Photo
56 l United States Patent Office
56 r United States Patent Office
57 Courtesy Allphones
58 a Zuma / Diomedia
58 b Zuma / Rex / Shutterstock
59 a, b Doug Coombe
60 Bettmann / Getty Images
61 Darryn Lyons / Associated Newspapers / Rex / Shutterstock
62 Fine Art Images / Diomedia
63 Pictures from History / akg Images
64 a, b Michael Seleznev / Alamy Stock Photo
65 Ferdinando Scianna / Magnum Photos
66 Greg Baker/ AP / Rex / Shutterstock
67 l, r From *Measuring Economic Growth from Outer Space*, J. Vernon Henderson, Adam Storeygard, David N. Weil. NBER Working Paper No. 15199, 2011
68 a Harald Hauswald / Ostkreuz
68 b Herbert Maschke, *Street scene at Café Kranzler*, 1962. Stiftung Stadtmuseum Berlin, Morlind Tumler / Cornelius Maschke. Reproduction Cornelius Maschke.
69 Imaginechina / Rex / Shutterstock
70 Sandry Anggada
71 Sebastián Vivallo Oñate / Agencia

Makro / LatinContent / Getty Images

72 Yvan Cohen / LightRocket via Getty Images

73 Kham / Reuters

74–75 Kevin Frayer / Getty Images

76 Mail Online

77 Fox Photos / Getty Images

78 Sinopix / Rex / Shutterstock

79 Kristoffer Tripplaar / Alamy Stock Photo

80 Frans Hals Museum, Haarlem, Netherlands

81 Thomas Locke Hobbs

82 a, c, b AFP / Getty Images

83 Rex / AP / Shutterstock

84 Artem Samokhvalov / Shutterstock

85 Kazuhiro Nogi / AFP / Getty Images

86 l Private collection

86 r Courtesy Nathan Mandreza

87 l Courtesy Lalo Alcaraz

87 r Jeanne Verdoux, jeanneverdoux.com

88 Daniel Leal-Olivas / AFP / Getty Images

89 Chris Barker, christhebarker. tumblr.com

90 l Marianne

90 r Der Spiegel

91 Milos Bicanski / Getty Images

92 M/Y Eclipse, builder Blohm+Voss, designer Terence Disdale

93 l Jean-Pierre Muller / AFP / Getty Images

93 r Simon Dawson / Bloomberg via Getty Images

94–95 Lukas Schulze / Getty Images

96 a, b Courtesy Cordaid

97 Rex / AP / Shutterstock

98 Romeo Gacad / AFP / Getty Images

99 Li Feng / Getty Images

100–101 Aly Song / Reuters

102 Robert Schediwy

103 l, r Landsberger Collection, International Institute of Social History, Amsterdam

104 Reuters

105 Carlos Barria / Reuters

106 © Walker Evans Archive, The Metropolitan Museum of Art, New York

107 Oli Scarff / Getty Images

108 Courtesy Harrods Bank

109 Scott Olson / Getty Images

110 l mikeledray / Shutterstock

110 r Jeremy Brooks

111 a Doran

111 b mikeledray / Shutterstock

112 Nicholas Kamm / AFP /Getty Images

113 meinzahn / 123rf.com

114 © Paolo Woods and Gabriele Galimberti

115 Bruce Rolff / Shutterstock

116 Ruben Sprich / Reuters

117 Denis Balibouse / Reuters

118 l Granger Historical Picture Archive / Alamy Stock Photo

118 r Bettmann / Getty Images

119 Library of Congress, Washington, D.C.

120 Randy Olson / National Geographic / Getty Images

121 Carolyn Drake / Magnum Photos

122 Ammar Awad / Reuters

123 Benoit Tessier / Reuters

125 Benedicte Desrus / Alamy Stock Photo

126–127 Steve McCurry / Magnum Photos

128 Private collection

129 914 collection / Alamy Stock Photo

130 Cincinnati Museum Center / Getty Images

131 Alex Majoli / Magnum Photos

132 Radu Bercan / Shutterstock

133 Kevin Frayer / Getty Images

색인

진하게 표시한 페이지는 도판 참조.

가뭄 121, **122**
가부장제 130
가이 포크스 가면 **49**
가치 32, 33
갈등 121, 130
개발 경제학자 117
개발상상국 95-6, **96**, 97, 117-19, 124
거래가능 에너지 할당량(TEQ) 122, 123
거시경제 41
거품경제 38, 45, 48, 80
게리 베커 109
경기침체 38-9, 41, 43, 48
경쟁 11, 23
경제 주체 10, 24, 32, 33, 122
경제발전 측정 기준 13-14
경제이론의 발전 11, 31-2, 41
경제적 민주주의 104
계급투쟁 37
공공부문 10, 12, 40
공급 10, 11, 32
공급 경제학 44, 61
공리주의 32
공산주의 62-7, **67**, 102, 103, 129
공장 22, **34**, 35, **35**, 36
과세 12, 30, 73, 92, 104, 111, 113, 115-16
관세 30, 95
관세 및 무역에 관한 일반협정(GATT) 40, 46
관습법 24
광산 **15**, 20, 21, **21**, 120
교육 10, 15, 42, 109
국가혁신체계 57
국내총생산(GDP) 14-15, 39, 46, 55, 59, 63, 67, 88, 120, 129
국수주의 91, 95
국유화 40
국제무역 12, 18, 40, 46, 69-70
국제무역 12, 18, 40, 69-70
국제수지 31, 41
국제통화기금(IMF) 40, 41, 47, 95, 96
규모의 경제 22, 23
규제완화 61, 80, 81-2, 95
《그들이 말하지 않는 23가지》(장하준) 96
그램-리치-블라일리법 81
그렌펠 타워 88, **89**

그리스 부채 위기 90, 91, **91**
그림자 금융 113-14
근로자 - 노동자 참조
글래스-스티걸법 81
금 보유량 30
금융 12, 18
금융위기 47, 49, 61, 77-80, **81**, 105, 106, 107, 134
금융화 76, 80
기계 생산의 산출물 19
기계화 19, 22, **54**, 55
기근 63, **63**, 68
기대수명 33-4, 53, 54, 129
기술발전 18, 19, 55, 56, 85, 125
기업가정신 57
기후변화 97, 98-9, 121-3, **122**, **123**, 130
긱 경제 92, **93**

나심 니콜라스 탈레브 81
나오미 클레인 92
나이키 72, **72**
낙수효과 44-5, 93, 133
남아프리카 89
남한 42, 47, 67, **67**, 68, 71
남해 버블 80, 81
내연기관 35
내핍정책 48, **49**, 88, 89
냉동보존 연구소 59
네덜란드 18, **25**, 26
네덜란드 동인도회사 **24**, 30
노동가치설 32
노동당 **44**
노동비용 20
노동자 10, **19**, 94, 116, **128**
노동조합 94
노동조합 가입 94
노르웨이 15, **15**
노예무역 28-9, **29**
농사 19, 22, 53, **54**, 55, 62, 98
농업 - 농사 참조
뉴욕 38, 82
뉴질랜드 71, 87, 113

단기 성과주의 83, 99, **110-11**, 116, 134
단일시장 70, 71
달러 2, 40, 42
닷컴 버블 48
대공황 38-9, **39**, 77, **77**, 106, 107

대량 생산 35, **35**
대런 애쓰모글루 119
대만 42
'대서양 삼각무역' 28-9
대안 체제 8, 9, 공산주의 참조
대출 12, 25
대출자 12, 25
더글로브닷컴 48
덩샤오핑 102, 103
데이비드 보위 77
데이비드 슈바이카르트 104, 105
도널드 트럼프 70-1, 95, **95**, 122
도드-프랭크법 106
도시화 22, 36
독일 36, 39, 68-9, **68**, 90, 91, 94-5
독재 9
디지털 경제 125, 133
딜리버루 92, **93**

라인강의 기적 68
러시아 45, 46, 47, 66, **134**
러시아 혁명 9, 36, 37, **37**, 62
런던 26, 85, **88**, **89**
레너드 리드 52, 53
레버리지 107
로널드 레이건 **60**, 61
로만 아브라모비치 92
로비 87, 92
로스차일드 그룹 87
리먼 브라더스 78, 85, **107**

마가렛 대처 45, **60**, 61
마르쿠스 브루크너 91
마르크스주의 37, 61
마셜 플랜 40, 41
마스트리히트 조약 46
마이클 스펜스 135
말레이시아 47, 71
망 중립성 125
매튜 볼턴 22
맨커 올슨 59
맬서스의 위기 34
메릴린치 87
메소아메리카 27
멕시코 70, 71
모건 스탠리 84
모기지 77, 78, **79**, 106
모바일뱅킹 124, **125**

몬산토 71
몰디브 97, 98
무역수지 30, 31
무역수지 적자 31
무역협정 70
미국
    구제금융 86
    기후변화 122
    관습법 24
    달러 2, 40, 42
    세계 금융위기 77-9, 80
    대공황 38, 39
    국내총생산(GDP) 60
    성장 36, 38, 40
    인도적 지원 68
    불평등 90, 110-11
    마셜 플랜 40, 41
    신자유주의 44
    석유위기 43
    보호무역주의 97
    철도 23, 118
    경기침체 48
    무역협정 70-1
미국 시애틀 47
미시 발명 58
미시경제 41
미하일 고르바초프 64, 65
민영화 44, 94
민주주의 59, 60, 111, 112

바젤협약 107
반지구화 운동 47
버진 갤럭틱 58, 59
번영 9, 45
법률 제정 12, 24, 81, 106-9
베를린 장벽 붕괴 45
베어 스턴스 78
베트남 71, 72, 73
벨포트 76
보수당 44, 45, 48
'보이지 않는 손' 31, 52, 59
보조금 42, 99
보츠와나 120
보통주 – 주식 참조
보편적 기본소득 116-17
보호무역주의 96, 97
복지제도 40, 44, 116
볼커 룰 106

봉건제도 18, 19
부 14, 15, 30, 53, 89-90, 92-3, 96, 97,
    111, 118, 129
    《국부론》(스미스) 30, 31, 31
부실자산 구제프로그램 86
부자 물가지수 111
부채 88
부채담보부증권 78, 84
북미자유무역협정(NAFTA) 46, 70, 71
북한 66, 67, 67, 68
분업 22, 23
불평등 8, 9, 45, 86, 88-91, 95-8, 110-
    11, 113, 118-19, 130-2, 130, 135
브라질 47
브레튼 우즈 회의 40
브렉시트 국민투표 46, 95
블랙 스완 80, 81
블랙록 87
블록체인 124, 125
비트코인 10, 11, 124, 125
빅 푸시 모델 119
빅토르 고보르코프 62
빈곤 41, 121, 129

사모펀드 114
사용자 10
사우디아라비아 129
사치앤사치 44, 45
사회적 시장경제 68
사회주의 36, 37
사회주의 계획경제 60, 61, 102
산업혁명 8, 9, 16-17, 19-25, 33, 36, 55,
    99, 118, 119
삶의 질 – 생활수준 참조
삼성 67
상속세 115
생계 농업 52, 53, 53
생산라인 35, 35
생산성 11, 18, 22, 24, 32, 52, 57, 58,
    65, 104-5
생산수단 37, 62
생활수준 9, 15, 15, 53, 54, 70
서브프라임 모기지 77, 78, 79
서비스 부문 13, 93
석유위기 42, 43, 43
선거 44, 59, 87
선거 포스터 44, 45
선물 61, 81

선전 포스터 62, 102, 103
성 불평등 130-1
성장 14-15, 18, 53, 55, 59, 103
세계 금융위기 49, 61, 77-80, 82, 105,
    107, 134
세계 행복 보고서 55
세계경제포럼 131
세계대전 37, 39, 40
세계무역기구(WTO) 46, 47, 47
세계은행 40, 41, 60, 70, 121, 123
지구화 8, 9, 12, 46, 47, 69-70, 70,
    72-3, 97
소득 분배 14
소련 – USSR 참조
소비자 지식 109-10
소스타인 베블런 61
수요 10, 11, 32
스마트폰 56, 57, 58, 73, 124
스위스 116, 117
스태그플레이션 43
스탠리 피셔 64
스티브 잡스 57
스페인 27, 28, 30, 91
시리아 121
시위 47, 48, 49, 86-7, 88, 89, 92, 93,
    130, 131
시장 10-11, 32, 33
시장의 법칙 32
시티그룹 106
식민주의 27-8, 28, 30, 119, 120
신뢰 26, 47
신용부도스와프 78, 79, 84
신용평가 기관 78, 79
신자유주의 44-5, 60, 61, 80, 89, 94,
    95, 102
실업 39, 57, 79, 82, 91
실질임금 33, 79
실크로드 18
싱가포르 42

아동 노동 15, 22, 120, 121
아르헨티나 47, 72, 73, 80, 81
아마존 13, 133
아메리카, '대항해 시대' 26, 27-8
아시아 28, 30, 42, 47, 65, 72
아이슬란드 82, 83
아프가니스탄 46, 65
아프리카 15, 28, 42, 117, 120

안토니오 구테헤스 121
암스테르담 **25**, 26
암시장 73
앙겔라 메르켈 **90**, 91
애덤 스미스 30, 31, **31**, 52, 133
애플 56, **57**, 58, 73, 133
앵거스 디턴 54
어글랜드 하우스 114, **114**
에너지원 19, 34-5, 99, 122, 123, **129**,
  130
에마뉘엘 마크롱 87
엘론 머스크 57
엘리트 계층 9, 90, 92, 94, 110, 112-13,
  132-3, **134**
엠페사 124, **125**
여성 20, 130-1, **130**
역내 포괄적 경제동반자 협정 71
역외 은행 114, 115
열대우림 파괴 **98**, 99
영국
  구제 금융 86
  추가 세금 116
  관습법 24
  세계 금융 위기 79
  제국주의 28, 30, 119
  산업혁명 19, 20-1, 23, 36, 55
  불평등 110-11
  신자유주의 44
  임금격차 131
  보호무역주의 97
  증권 거래 26
영국 동인도회사 30, **30**
영국 은행 25
오염 **74-5**, 99, 115, 122, **133**
외부효과 33, 133
우버 92, **93**
우주비행 **58**, 59
우즈베키스탄 120, **121**
우크라이나 63
운송 12, 23, 34, 69
월스트리트 붕괴 38, 77, **77**, **106**, 107
'위대한 탈출' 54
위험 26, 83-4, 87, 106, 109, 114, 116
윌리엄 이스털리 64
유가증권 76, 77
유기경제와 무기경제 19
유럽경제공동체 41
유럽연합 46, **46**, 70, 71, 91, 95, 106
유럽인의 이주 119-20
유엔 15, 55, 68
유진 파마 110, 111
유효수요 104, 105
은행
  구제 금융 86, 87

핵심 기능 105, 106
발전 25
세계 금융위기 7, 80, 81, 83
직업 108, **109**
로비 87
모바일뱅킹 124, **125**
규제 106-9
위험 87
그림자 금융 113-14
과세 116
세계은행 40
은행권 **24**, 25-6
의사결정 33, 135
이기심 31, 32, 52, 59
이민 119
이방카 트럼프 112
이오시프 스탈린 62, **62**, 63, 65
이윤 14, 18, 52, 94, 95, 104
이탈리아 86
인간개발지수(HDI) 15, 120
인구 19, **32**, 33-4, 121
인도
  식민주의 30, **30**
  성장 97, 120, 129, **132**
  불평등 89
  자유화 70
  기대수명 54
  인구 증가 32
  역내 포괄적 경제동반자 협정 71
  직물 생산 119
인도네시아 17, 71, **98**, 99
인도적 지원 68
인수 합병 81
인적자본형성 108, **109**
인터넷 47, 48, 124, 125, 134
인플레이션 43
일본 30, 40, 45, 48, 71, 79
임금 20, 32, 33, 79, 89, 93
입헌 민주주의 59, 60

자동차 산업 35, **35**, 55
자동화 93
자본재 10, 12
자본주의
  기본 원칙 10-12
  성과 요약 129
  정의 8
  발전사 8-9, 18-19, 30, 33, 산업혁명
    참조
  문제 요약 130-5
  피라미드 **128**
자본주의에서 정부의 역할 12, 24, 32, 33,
  41, 42, 44, 60, 61, 103, 135
자유 시장 32, 33, 45, 60, 61, 93, 95-6,

  133-4
자유로운 이동 71
자유방임주의 32, 45
자유주의 58, 59, 103
자주권 95
장 바티스트 세이 32
장하준 96, 97
재러드 쿠슈너 112
재분배 89, 113, 115-17
재산권 24, 58
전기 34-5, **34**
전쟁 이후 유럽의 성장 40
점령 운동 86-7
정당 **44**, 59, 87, 91
정보의 비대칭성 134, 135
정부 – 자본주의에서 정부의 역할 참조
제국주의 27-8, **28**, 30, **30**, 119, 120
제도
  발전 18, 19, 24-5
  국제경제기구 40
  유럽인의 이주 120
  정부의 역할 12, 14
  SIFIs 106
제도학파 60, 61
제임스 A. 로빈슨 119
제임스 와트 22
제임스 토빈 117
제조업 13, 22, **34**, 35, **35**, 72-3
조세피난처 115
조셉 스티글리츠 105, 135
조지 애커로프 135
조지 오스본 87
조지 오웰 **8**, 9
조지프 슘페터 56, 57
조직 133, 134
존 메이너드 케인스 41
존 키 87
주관가치설 33
주관적 웰빙 66
주식 24, 26, 48, 79
주주가치 82, 83, 94, 108
중국
  19세기 30
  덩샤오핑 102, 103
  국내총생산(GDP) 60
  성장 97, 103, **104**, 105, 129
  불평등 89
  자유화 46, 70, **70**
  기대수명 54
  오염 99, **133**
  역내 포괄적 경제동반자 협정 71
  해상 운송 68, 69
중동 14, 43, **122**, 123, 129
중상주의 30, 31

중앙아프리카공화국 15, **15**
증권 77
증권 거래 6-7, 25, 26, **50-1**, 61, 82, 82, 85, **85**
증기엔진 20-1, 22, **23**, 34
지니계수 14, 15
지대추구 24, 31
지속가능성 8, 41
지적재산권 60, 61
직물 생산 20, **20**, 21-2, 22, 55
집단화 62, 68

차입자 12, 25
채권 25, 77
천연자원 10, 19
철도 12, **32**, **118**
체계화 **18**, 19
초단타매매 85
최후의 고용주 117

카림 세라겔딘 87
칼 마르크스 **36**, 37, 56
캐나다 70, 71, 120
커뮤니케이션 35, 47, 124
컨테이너화 **12**, 68, 69, **69**
코라도 지니 14
콩고민주공화국 **120**
퀀트 108, 109
크레디트 스위스 87
크리스티나 페르난데스 데 키르치네르 72, 73

탄소 배출 122, **133**
탄소배출권 개인 할당제 122
탈식민지화 42, 120
태국 47, 71, **72**
테레사 메이 **94**, 95
토마 피케티 89
토머스 로버트 맬서스 34
토빈세 116, 117
통화 40, 42, 124, 125
투자 26, 77
투자 거래 84
튤립 파동 80, **80**, 81
트레이드 토큰 30, **31**
특허법과 규제 **56**, 58
특화 23
틀짜기 33

파리 협정 122
파산 **78**
팜유 **98**, 99

팻 핑거 오류 84-5, **84**
페레스트로이카 **64**, 65
페이데이 론 **110-11**
포드 35, **35**
포르투갈 27, 28, 30
포퓰리즘 95
포효하는 20년대 **38**
폭스바겐 **55**
폴 로젠스타인 로단 119
프랑스 28, 87, 91
프리드리히 엥겔스 **36**, 37
피터 틸 113

한스 피터 그루너 91
합자회사 26, 30
해상 운송 12, 28-9, **29**, 34, 68, 69, **69**
행동주의 32, 33, 135
행복 55, 66
향신료 무역 **11**
허버트 A. 사이먼 134, 135
허버트 조지 웰스 32, **33**
헤지펀드 114
혁명 37
혁신 55, **56**, 57, **57**, 118, 124, 129, 132
호랑이 경제 42
호위 허블러 84
홍콩 42
화석 연료 99, 122
화폐 10-11, 통화 참조
환경 문제 8, 9, **97**, 98-9, 115, 121-3, 122, 130
환율 40, 42
환태평양경제동반자협정(TPP) 70, 71, **71**
휴리스틱 33

《21세기 자본》(피케티) 89
《동물농장》(오웰) **8**, 9
《우주전쟁》(웰스) 32, **33**
1인당 소득 40, 53, 97, 129
1차 산업 13
FTSE 85
JP 모건 체이스 81, 106
SIFIs 106
USSR 36, 37, **37**, 45, 62-6, 129

옮긴이 유지연

연세대학교 상경대를 졸업하고, IBM GBS(Global Business Services)에서 경영 컨설턴트로 근무했고, 삼성, LG, 포스코, KT 등 주요 기업과 인사기획 및 경영혁신 프로젝트를 수행했다. 바른번역 아카데미 출판번역 과정을 수석으로 졸업하고, 《거대 권력의 종말》, 《하워드의 선물》, 《돈, 착하게 벌 수는 없는가?》 외 다수의 책을 우리말로 옮기고 있다.

자본주의 이대로 괜찮은가?

신지식교양인을 위한 자본주의 입문서

초판 1쇄 인쇄 2019년 9월 10일 **초판 1쇄 발행** 2019년 9월 20일
지은이 제이콥 필드 **옮긴이** 유지연 **편집** 매튜 테일러

펴낸이 김지은 **펴낸곳** 도서출판 자유의 길 **출판등록** 제2017-000167호
전화 031-816-7431 **팩스** 031-816-7430 **이메일** bookbear1@naver.com
홈페이지 https://www.bookbear.co.kr

ISBN 979-11-965625-5-7 (04300)
ISBN 979-11-965625-8-8 (04080)

The Big Idea Series: Is Capitalism Working? Text by Jacob Field, General Editor: Matthew Taylor
Is Capitalism Working? © 2018 Thames & Hudson Ltd
For image copyright information, see pp. 138-139
All rights reserved.
This edition first published in Korea in 2019 by The Roads to Freedom Publishers
Korean edition © 2019 by The Roads to Freedom Publishers
Korean translation rights are arranged with Thames & Hudson Ltd, London through AMO Agency, Seoul, Korea

길은 네트워크입니다. 자유의 길 로고는 어디든 갈 수 있고, 모든 곳에 열려 있는 자유로운 길을 의미합니다.
도서출판 자유의 길은 예술과 인문교양 분야에서 사람과 사람, 자유로운 마음과 생각, 매체와 매체를 잇는 책을 만듭니다.

자본주의 연표 Milestones

700~500 BC	중국, 인도, 에게 문명에서 주화가 만들어지기 시작
11세기 AD	중국 송나라 시대에 최초의 지폐 발행
1250	최초의 주식회사인 프랑스의 바자클 제분회사Bazacle Milling Company에서 주식 발행
1600~1602	영국과 네덜란드가 동남아시아와의 무역을 추진하고 보호하기 위해 동인도회사 설립
1637	네덜란드에서 튤립 파동이 절정에 이르러 가격 폭락
1688	세계에서 가장 오래된 스웨덴 중앙은행 설립
1720	남해 버블South Sea Bubble로 영국 남해회사의 주가 급등 후 폭락
1764	방직업 산업화의 핵심인 제니 방적기spinning jenny 발명
1837	미국, 1837년 공황으로 극심한 경기침체에 빠짐
1860	최초의 근대 무역협정인 영불 통상조약Anglo-French Treaty 체결
1873~1896	장기불황으로 세계 각국이 경기침체를 겪음
1886	칼 벤츠Karl Benz가 최초의 내연기관 자동차 특허를 받음
1913	미국 포드 공장에 컨베이어 벨트 도입
1928	스탈린이 소비에트 사회주의 공화국 연방USSR에서 제1차 경제개발 5개년 계획 추진
1929	월스트리트 붕괴로 대공황 발생
1933	투자은행과 상업은행을 분리하는 글래스 스티걸법이 미국에서 통과됨
1944	세계은행과 국제통화기금 설립 계획이 브레튼 우즈 회의에 상정
1948	세계무역기구WTO의 전신인 관세 및 무역에 관한 일반협정GATT 발효
1957	로마 조약 체결로 유럽경제공동체EEC 결성
1958~1961	중국, 급속한 산업화를 목표로 대약진 운동 추진
1960	5개 산유국이 석유수출국기구OPEC 설립
1968	최초의 마이크로프로세서 개발로 비약적 기술 발전
1971	닉슨 대통령이 미국 달러의 금 태환 정지 선언
1978	중국이 경제성장과 외국 투자를 촉진하기 위해 개혁개방 정책 시행
1989	팀 버너스 리Tim Berners-Lee가 연구원들 간의 디지털 정보 공유를 위해 월드 와이드 웹world wide web 개발
1990	동독과 서독이 경제통합을 이루며 통일
1991	소비에트 사회주의 공화국 연방이 붕괴되면서 소속 공화국들의 자치정부 독립
1993	유럽연합과 단일시장이 출범
1994	미국, 캐나다, 멕시코 북미자유무역협정 체결
1997	아시아 금융위기로 세계경제 몰락에 대한 불안 확산
1999~2001	닷컴버블 붕괴로 인터넷 비즈니스에 대한 과도한 투기 종료
2008	글로벌 금융위기가 세계 경제에 영향을 줌
2016	환태평양경제동반자협정TPP 체결 (2017년 미국 탈퇴); 영국이 국민투표를 통해 유럽연합 탈퇴